Amazon

出店の王道
Attract customers

中小企業の新販路
その施策とアイデア

及川謙一 [著]

技術評論社

この度は「Amazon出店の王道 〜中小企業の新販路 その施策とアイデア」をご覧いただき誠にありがとうございます。ブルーグース合同会社の及川謙一です。

私は2011年からのアマゾンジャパンでの勤務経験を経て、2017年にブルーグースという会社を立ち上げ、現在もAmazon出品者向けのコンサルティングサービスを提供しています。本書では、そのAmazon出品者向けコンサルティングの際にお伝えしている、基本的で誰でもすぐに実践できる内容を、可能な限りわかりやすく解説するよう努めました。

販売している商品そのものが素晴らしいことが前提となりますが、弊社クライアントの中には、Amazonの売上が前年比で数百％を超えていく方々も少なくありません。もちろんすべてのクライアントが前年比数百％を超えるわけではありませんが、ある程度Amazonでの運用実績があり、売上が伸び悩んでいたクライアントでも前年比30％は超えてきます。

ただし、そこで実践していただいている内容は、本書でも解説している商品情報をいかに作り込むかや、効果的なプロモーション実施のタイミング、そしてその商品の選定などのごく基本的なことです。

「そんなことで売上が上がるの？」と懐疑的なお客様もときにはいらっしゃいます。けれども、たいていの場合は効果を実感していただき、その後も継続して商品情報の充実化の強化に注力していただけています。

本書は主に中小企業の経営者やEC事業の責任者の方々を対象にしており、特に「新型コロナウイルスの影響でデジタルにシフトせざるを得なくなったものの、何から手を付けていいか分からない」「EC

事業をはじめたものの、思っていたほど売れなくて困っている」という課題をお持ちの方々に読んでいただきたい一冊です。

　これまでもAmazon出品ビジネスに関する解説本は数多く販売されてきましたが、それらの多くは転売や海外出品向けの指南書となっており、モノづくりの現場へ向けて書かれた本ではありませんでした。本書は、作りかたや素材にこだわり、とにかくよいものをつくりたいと願うモノづくり企業の皆様にこそ読んでいただきたい内容となっています。

　近年、Amazonの存在感は日増しに大きくなってきており、商品を販売するチャネルとして無視することはできなくなってきています。そのAmazonで下手な売りかたをしてしまえば、売上が上がらないどころかブランド価値の毀損につながる恐れさえあります。

　しかし、Amazonのプラットフォームとしての特性をしっかり理解し、適切に運用することができれば、これほど心強い販売チャネルはありません。

　コストがあまりかからないAmazonでまずはしっかりと売上が上がる状態をつくれたら、次は楽天やヤフー、自社ECなどでそのノウハウを活かすことも可能です。

　この本をきっかけに、1社でも多くの企業がAmazonをうまく使いこなして売上を向上させることができたらとてもうれしく思います。

　新型コロナウィルスによる影響で厳しい社会情勢が続くなか、どうにかして会社を維持させたい、雇用を守りたいと必死にがんばっていらっしゃる方々にとって、少しでも役に立つ情報を提供することができたら幸いです。

及川謙一

第1章

Amazon出店の基本

第2章

出品前に決めておくこと

第**3**章

Amazonに商品を出品する

COLUMN

不備のある出品を完成させる

第 4 章

FBA納品と
自社発送の方法

COLUMN

「配送設定」の配送パターン

第 5 章

売上拡大のための
必修テクニック

第 **6** 章

Amazon広告による商品露出の増やしかた

第 **7** 章

外部マーケティング施策と作業の外注化

第 **8** 章
トラブル対応 Q&A

COLUMN

海外への越境出品に挑戦！

第 **1** 章

Amazon出店の基本

01 出店先としての、Amazonの魅力

➡ 膨大なユーザー数を抱えるAmazon ▶ ▶ ▶ ▶

　スマートフォンの普及などによって、オンラインショッピングは日常生活に欠かせない存在になりつつあります。日本国内のECサイトといえば楽天が最も有名なサイトの1つですが、その楽天と肩を並べているのがAmazonです。2000年からサービスを開始したアマゾンジャパンは、本の販売からはじまり、CD、DVDなどのメディア商材やTVゲームなど徐々に商品カテゴリーを増やし、いまではアパレル、食品、家電、パソコン、生活消耗品などのほか、電子書籍や音楽ファイル、映画やドラマなどのデジタルコンテンツなど、多岐に渡る商品を取り扱うようになりました。

　2020年1月のアマゾンドットコムの発表によると、アマゾンジャパンの2019年の売上高は約1.7兆円（リテールビジネス（直販）のほか、セラーサービス（出品）の手数料、定期購入サービスなどが含まれる）となり、2018年の約1.5兆円と比較し約10%の成長を遂げています。顧客行動調査会社のニールセンによると、**2020年4月の1ヶ月間のAmazonの利用者数は約5,200万人で、約5,100万人の楽天を超えて国内1位のECサイトとなっています。**

◇オンラインショッピングサイトの利用者数（2020年4月時点）

図表1；2020年4月　Monthly Totalレポート　トータルデジタル利用者数Top3　オンラインショッピングカテゴリー					
順位	ブランド名	利用者数（MAU）	リーチ%	平均利用回数（テキスト）	GRP%（テキスト）
1	Amazon	52,534,185	42.0	44	1,836
2	Rakuten Ichiba Shopping	51,381,835	41.1	53	2,194
3	Yahoo Japan Shopping	29,456,305	23.6	25	581

Source: デジタルコンテンツ視聴率　2020年4月　Monthly Totalレポート
（トータルデジタル＝PCとモバイルの重複を除いた数値）
※PCは2歳以上、モバイルは18歳以上の男女
※集計対象サブカテゴリー：Mass Merchandiser, Shopping Directories & Guides
※Brand及びSub-Brandレベルでの集計、小売店のサービスは除外
※利用とは閲覧のみの利用も含みます

https://www.netratings.co.jp/news_release/2020/07/Newsrelease20200707.html

➡ ひとつのメディアとしてのAmazon

これだけ膨大なユーザー数を抱えるAmazonは、もちろん日本国内でも最大級のWebサイトであり、それは日本国内でも知名度の高いGoogle.comやYahoo!Japanに匹敵するほどです。そのため、AmazonはECサイトでありながらWebメディアのような役割も持ちあわせています。例えるなら、あらゆる商品情報を網羅したWebカタログのようなものです。つまり、**Amazonは商品を購入するためのWebサイトでありながら、商品情報を得る場にもなっているのです。**

日本のオフラインの場で例えるなら、Amazonは東京の銀座や渋谷、新宿のような繁華街のど真ん中に存在する巨大デパートのようなものです。そんなAmazonに基本的には誰でも商品を低コストで出品することができるのですから、ぜひ活用していただきたいものです。

仮に、自分でECサイトを立ち上げると？

Amazonに出店する場合との比較として、BASEやSTORES、Shopify（通称ASP型ECサイト）などを利用して自分でECサイトを立ち上げる場合を考えてみましょう。ASP型ECサイトは非常に便利で、低コストで簡単に自前のECサイトをオープンさせることができますが、それでも**どのように集客して売上をあげるかについては自分で考えてマーケティング施策を実行しなければなりません。**もちろん、自社商品を多くの人がすでに欲しがっている場合であれば、自社ECサイトを立ち上げてすぐに売上をつくることも可能でしょう。しかし自社商品の認知度がほとんどない場合には、集客するだけでも大きな労力とコストが発生します。

認知度のないECサイトを日本のオフラインの場で例えるのは難しいですが、極端な例でいえば**広大な砂漠の中心にぽつんとお店を構えるようなもの**です。まったく人通りがなく、そこに行くまでにも苦労するような場所に店を構えたとして、その店構えがどれだけよくてもたどり着ける人はほぼ皆無でしょう。

ここにあげた例は極端過ぎるかもしれませんが、往々にしてそのようなECサイトを目にすることがあります。もちろん自分でWebマーケティングやプログラミングなどの知識を身に着けて自社ECサイトの集客を加速させることも不可能ではありませんが、そこまでには長い時間が必要となるため、結局売上をあげるために多くの場合は代理店などに依存することになってしまいます。

Amazonの場合、先述の通りすでにたくさんのユーザーがAmazonを訪れている状態です。ですので、**Webサイト自体に自分で集客する必要はありません**。ただし、だからと言って出品しさえすれば売れるというわけではありません。AmazonにはAmazon特有の売れるしくみがあり、そのしくみをきちんと理解する必要があります。しかし、そのしくみを理解することは、自社ECを立ち上げて自前で集客するよりはよっぽど簡単ですし、また競合となるライバル店たちともAmazonという同じプラットフォーム上で戦うことになるので、自社ECよりはフェアな環境での戦いとなります。

➡ 販売者をサポートするさまざまなしくみ

シンプルな出品システム

Amazonにはマーケットプレイスと呼ばれるサービスがあり、そのサービスを利用すれば原則誰でもAmazonを利用して自分で商品を販売することができます。Amazonのマーケットプレイスは、eコマースでのCtoC取引の先駆けとなったといっても過言ではありません。マーケットプレイスのアカウント作成後、すでにAmazonで販売されている商品であれば、ほんの数クリックで販売開始できるほどシンプルに出品することが可能です。

物流業務代行サービス「FBA」

アマゾンジャパンは、2008年にフルフィルメント by Amazon（FBA）というサービスを開始しました。これは、あらかじめAmazonの倉庫に商品在庫を預けておくことで、注文が入った際にAmazonが発送を代行してくれるサービスになります。

これにより出品者の業務負担は大幅に削減され、また、Amazonが素早く発送してくれるのでユーザーにすぐ届くことになり、コンバージョン率（購入率）も増加するため、いまや出品者にとっては必須のサービスとなっています。

分析に便利なビジネスレポート

Amazonでの売上、販売数量、商品ページの閲覧数やコンバージョン率などを期間別、SKU（商品の管理番号）別に閲覧したり、データをダウンロードしたりすることができます。このレポートがあることで、どの時期にどの商

品が売れるのかなどの分析ができるようになるため、プロモーションプランを立てるのに非常に便利です。

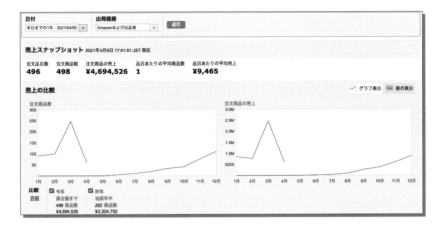

販売戦略に幅を持たせる広告とプロモーション

　Amazonの広告やプロモーションは、直感的に設定できるので簡単に実行できます。どの商品をいつ値引きして、その商品にどのくらい広告予算をかけるのかなど、わずかな時間で設定することが可能です。

02 Amazonの人気を支える しくみ

➡ なぜAmazonにユーザーが集まるのか ➤ ➤

Amazonの人気を支えているのものの1つに、ユーザーの購買体験の良質さがあります。購買体験とは、いかにストレスなく買い物ができるかということで、Amazonは購買体験を向上させるために最も重要なポイントを「利便性・品揃え・低価格」の3つの柱として掲げています。

利便性

Amazonは自社のECサイトを運営している立場ですので、そのプラットフォームがユーザーにとって使いやすくなるよう改善していくことができます。Webサイトのインターフェースを使いやすくすることはもちろん、各種サービスを開始したり、大きなセールなどのイベント施策を打ったりすることがこれにあたります。さらに、物流・配送やカスタマーサービスなどの質も向上させることでユーザーの利便性をよりよくすることに取り組んでいます。

品揃え

現在では多数の事業者が出品しているAmazonも、もともとはAmazon自身が仕入れて販売をする独立型のECサイトでした。しかし、2002年から第三者が商品を販売できるセラービジネス（マーケットプレイス）を開始しました。つまり、プラットフォームを自分一人で使うのではなく、第三者へも広く貸し出すようにしたのです。**多くの事業者にプラットフォームを使ってもらうことによって、商品の品揃えは格段に多くなりました。**Amazon自身でも品揃え拡充のために商品取り扱い数を増やす取り組みを進めていますが、一方で自社では取り扱いにくい商品を第三者である出品者に補ってもらうことができるようになったのです。

低価格

Amazonはシングルディテールページという商品ページの構造を採用して

います。通常の出品型のECサイトでは出品者ごとに商品ページを作成するため、同じ1つの商品でもそれを販売する出品者ごとに商品ページが作られます。しかし、Amazonは1つの商品に対し、原則1つの商品ページしか存在させないようにしています。

商品ページを1つに制限すると、自ずと販売価格の競争が生まれます。出品者は自由に商品を販売することができますが、同じ商品をほかの出品者が販売していたら、より安く販売している出品者の商品が売れやすい構造になっているからです。なお、この構造はAmazon自身にも適用されているため、Amazonだけが高い価格で自社に有利なように販売することはできません（多少Amazonが優遇されるしくみはあるようです）。

➡ Amazon最大の特徴 シングルディテールページ

通常の出品型のECサイトでは、出品する店舗ごとに自由に商品ページを作成することができます。そのため、Aという商品をB社、C社、D社がそれぞれ異なる商品ページで販売することになります。これをユーザー視点で見た場合、**Aという商品を探すために「A」と検索したら、B社のA、C社のA、D社のAが検索結果ページに並ぶことになります。**ユーザーはなるべく安く、信頼のあるお店から買いたいと考える傾向が強いので、それぞれのページを見て比較検討することになります。この例のように3社くらいならまだすべてのページを見て比較することもできますが、もし10社、20社と販売店が多くなればなるほど煩わしくなってしまいます。

そこで**Amazonでは店舗基準ではなく、商品基準で商品ページを存在させるようにしたのです。**それが**シングルディテールページ**です。これにより、Amazonは出品型のECサイトでもありながら、ユーザーはシンプルに欲しい商品を探せるようになっているのです。

試しに楽天とAmazonで「あつまれどうぶつの森」で検索してみたところ、次のような検索結果となりました。ゲームソフトとしての「あつまれどうぶつの森」を探している場合であれば、探しやすさは言わずもがなといったところです。

◇楽天で「あつまれどうぶつの森」と検索

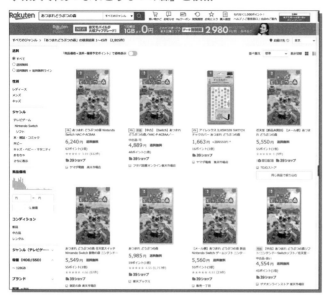

◇Amazonで「あつまれどうぶつの森」と検索

03 Amazonに出品できる商品／できない商品

➡ ほとんどの「モノ」は出品可能 ▶▶▶▶▶▶▶

　すでにAmazonでは多種多様なカテゴリーの商品が販売されているため、Amazonを活用しているセラーの業種も非常に幅広くなっています。そのためペットなどの生き物、マッサージや散髪などのサービスは別ですが、**物として存在している法律違反のもの以外であれば、基本的にはあらゆる商品をAmazonで販売できるようになっています。**

◇Amazonの商品カテゴリー一覧

商品カテゴリー	商品タイプ	出品可能なコンディション
本	本、カレンダー、雑誌、その他出版物	新品、中古品、コレクター商品
ミュージック（CD・レコード）	CD、カセットテープ、レコード、その他録音された音楽	新品、中古品、コレクター商品
ビデオ&DVD	映画/テレビ番組	新品、中古品、コレクター商品
エレクトロニクス	テレビ、CDプレーヤー、カーオーディオ、GPS	新品、再生品、中古品
カメラ	カメラ、ビデオカメラ、望遠鏡	新品、再生品、中古品
パソコン・周辺機器	デスクトップ、ノートPC、ドライブ、ストレージ	新品、再生品、中古品
Amazonデバイス用アクセサリ	Amazonデバイス用アクセサリ	新品、再生品、中古品
ホーム	家具、インテリア、キッチン	新品、再生品、中古品
ホームアプライアンス	小型白物家電	新品、再生品、中古品
大型家電	キッチン家電、冷蔵庫、キッチンパーツ/アクセサリ	新品、再生品、中古品

https://sellercentral.amazon.co.jp/gp/help/external/G200332540

◇出品できない商品例

▶ 生き物

▶ 紙幣、硬貨、記念貨幣

▶ 盗品およびロックピッキング装置

▶ 規制されている植物、植物由来製品および種子

▶ タバコ類

　など

➡ 審査が必要なカテゴリーも ➤ ➤ ➤ ➤ ➤

　ただし、出品のために審査が必要なカテゴリーもいくつかあります。例えば、下記のカテゴリーは出品までに多少の時間を要します（2020年8月現在）。

▶ 服＆ファッション小物　　　▶ 食品＆飲料
▶ シューズ＆バッグ　　　　　▶ ペット用品
▶ 時計　　　　　　　　　　　▶ コスメ
▶ ヘルス＆ビューティ　　　　　など

　Amazonとしては偽物が出品されることはもちろん避けたいはずですし、アルコール類や医薬品、化粧品などはAmazonでなくても販売するのに許可が必要です。ですから、そのような商品を販売するために審査が必要なのは当然のことと言えるでしょう。これらの商品カテゴリーの申請を進めるためには、いくつかのハードルがありますが、それほど難しいものではありません。審査が必要な商品を登録しようとするとその旨が表示されるので、画面の指示に従って進めていただければ大丈夫です。

◇ 審査が必要な商品の一覧

https://sellercentral.amazon.co.jp/gp/help/external/200333160

04 Amazon出品に向いている商品とは?

➡ Amazonで売れやすい商品の特徴 ➤ ➤ ➤ ➤

Amazon出品に向いている商品とはどういったものでしょうか。「向いている ＝ 売れやすい」と言い換えてもよいかもしれません。大手企業のようなブランド力のある商品はもちろん売れやすい商品なのですが、それとは別にAmazonで売れやすい商品の特徴はいくつかあります。

高額でないこと

1つはあまり高額でないことです。ご自身がAmazonで何か商品を購入することを考えていただければ、何となく想像がつくかもしれません。例えば何万円もする高額な服、靴、バッグ、アクセサリーなどのファッションアイテムや、エアコン、冷蔵庫、洗濯機、掃除機といった家電を購入する際に、リアル店舗で何度も下見や比較をした経験はないでしょうか。これらの商品は仮にAmazonの方が安かったとしても、配送後の設置やアフターサービスなどの面からリアル店舗での購入を選ぶ人も多いと思います。このように高額な商品は、Amazonで販売するにはハードルの高い商品と言えるでしょう。

競合が少ないこと

Amazonではすでに多くの商品が販売されています。ということは、**利益率が高く簡単に作れるものなどはすでに多くの企業が参入しています**。競合となる企業の多くは日本の大手企業であったり、安く大量に商品をつくれる中国企業であったりするので、そのような商品カテゴリーで商品を販売して売上を稼ぐためには、相当な独創性（しかも多くの人に欲しいと思ってもらえる）や、価格が安いなどの強みがなければ太刀打ちできません。

ですので、これから商品開発をしてAmazonで販売しようという場合は、競合の少ない商品カテゴリーを見つけることも重要です。

ファンがついていること

　もう1つは、限られたコミュニティでもよいので、その商品やブランドにファンがついていることです。例えば地方の小さな港町で、その港でとれるイワシを加工してつくっているイワシせんべいを販売していて、地元の人はみんなそのイワシせんべいが好きで、その地域では定番のおやつやお酒のおつまみとして認知されている、というような商品です。

　もしくは、刃物、器、調理道具、清掃道具、革製品など、ここでは挙げきれませんが、日本にはクオリティの高いものを堅実に作り続けている中小企業がたくさんあると思います。その中でも、**まだ多くの人には認知されていないけど、業界内では一目置かれていたり、コアなファンがいたりするような商品は理想的**です。

　そのような商品は、人の目に多く触れることで一気に売れる可能性を秘めています。

　実際、Amazonではメイドインジャパンの商品だけを集めた「日本ストア」という特集ページを用意して、中小企業出品者の応援をしています。

◇日本各地の商品を集めた「日本ストア」

https://www.amazon.co.jp/b?ie=UTF8&node=2199930051

05 出品者視点で見る Amazonプラットフォーム

➡ 出品者として意識すべきページとは？

　Amazonや楽天などのECサイトのことを「プラットフォーム」という言いかたをすることがあります。プラットフォームとは簡単に言えば「土台となる環境」のことです。**プラットフォームには共通したルールや原理原則があり、プラットフォームの使用者はそれらを理解してルールに従い、使いこなす必要があります。**Amazonのプラットフォームとしてのルールや特徴を知らずに商品を販売しても、簡単に売れるものではありません。そこでまずは、Amazonがどのようなページから成り立っているかを確認しましょう。

　Amazonでは多くの商品が販売されているためWebサイトとしてのページ数も膨大に存在していますが、型となるページの数はそれほど多くありません。

トップページ

　Amazonへの入り口となるのがトップページです。トップページは単一のページとしては最もユーザーが訪れるページの1つです。このページにはユーザーが過去に購入した商品や閲覧したページに基づいて購入されやすい商品が掲載されるので、ここに自社商品が掲載されればより多くのユーザーに購入される可能性が高まりますが、意図して掲載できるものではありません。**出品者としては気にしないでよいページと言えます。**

カテゴリートップページ

　Amazonの商品カテゴリーは1～4階層程度まで存在しており、基本的にそれらの商品カテゴリーごとにカテゴリートップページは存在しています。トップページほど訪問者数は多くありませんが、そのカテゴリーの商品に興味を持っているユーザーが多く訪れる傾向があります。カスタマーレビュー高評価の商品や売れ筋商品が表示されるものの、**トップページと同様に商品の掲載をコントロールすることは困難です。**

検索結果ページ

　ユーザーはAmazon内でキーワード検索をして商品を探します。検索結果ページはそのときに表示されるページで、もちろんキーワードによって表示内容は変わります。こちらも多くのユーザーが訪れるページの1つなので、この**検索結果ページ（特に上部）に自社商品が表示されるかされないかで商品の売れ行きは大きく左右されます**。それほど重要なページですので、**上位に表示させるための対策が欠かせません**。

23

商品ページ

商品ページは出品者がもっともコントロールしやすいページです。 当たり前のことですが、ユーザーは商品ページを見てその商品を購入するかしないかを判断します。ユーザーの背中を押す意味でも、ユーザーへより多くの判断材料を提供することが大切になります。

ただし、人気のある商品であればたくさんのユーザーに閲覧してもらうことができますが、検索結果ページの表示順位が低かったりすればほとんど閲覧されることのないページでもあります。

ランキングページ

トップページの上部にある「ランキング」ボタンや、商品ページにあるリンクからランキングページへアクセスできます。商品カテゴリーごとに「売れ筋ランキング」「新着ランキング」「ほしい物ランキング」などがあり、1～100位までの商品が掲載されます。**日本人は特にランキングを参考にして商品を購入する傾向が高く、このランキングページに掲載されれば多くのユーザーに自社商品を購入してもらえる可能性が高まります。** 売上数量が伸びればランキング順位も上がり、より売れる商品になっていきます。

タイムセールページ

　タイムセールページはAmazonのトップページ内にリンクがあります。このページはAmazonが主催するセール時にしばしば活用され、**単一のページとしてはAmazonのトップページに次いで多くのユーザーが閲覧しているページと言ってよいでしょう**。このページはタイムセールに参加することで自社商品を掲載することができます（P.152参照）。多くのユーザーが閲覧しているページで、かつ価格が安くなっているというユーザーにとっての強いメリットがあるため、たくさんのユーザーに自社商品をアピールできる大きなチャンスを含んでいます。ただし、多くのベンダーやセラーはそのことを承知しているため、競合の多いページでもあります。

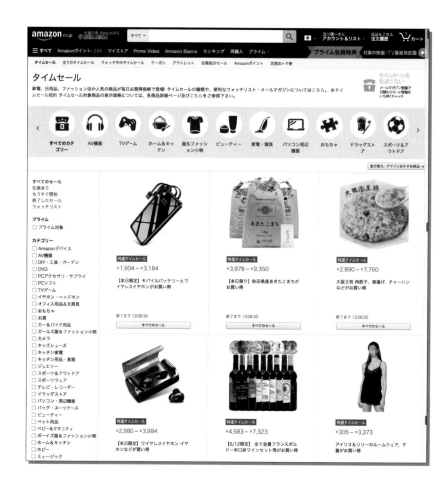

06 Amazonで、どうすれば モノが売れるのか

➡️ 商品を見つけてもらわなければ、はじまらない

　ただよいモノをつくっていれば売れる時代は終わったと言われはじめて久しいですが、それはAmazonでも同様で、**どんなによい商品でもAmazonのサイト内でユーザーの目に触れることがなければ、売れることはないのです。** ではどうすればAmazonのサイト内で自分の商品を見つけてもらい、そして気持ちよく購入してもらえるのでしょうか。

　商品を見つけてもらうためには、**検索結果ページの上位に表示されるのが理想的**です。ご自身がAmazonなどのオンラインショッピングサイトで何か商品を購入することを思い返していただくとわかりやすいと思いますが、Amazonを開いたあと、商品を探すときは多くの人が欲しい物をキーワードで検索します。そのあとで検索結果ページが表示されますが、そこでまず目に入るのは検索結果上位に表示されている商品です。

◇検索結果上位に表示されるのが理想的

わざわざ2ページ目以降も表示して商品を調べることは稀ですから、例えば、検索結果1位の商品と2ページ目以降に表示される商品では、売上に何十、何百倍もの差が出てきてしまいます。

　そのため、多くの出品者が検索上位表示を狙ってしのぎを削っています。そんな場所に自社商品を上位表示させるにはどうすればよいのでしょうか。

➡ どうすれば検索結果上位に表示される？ ➡ ➡

　検索結果上位に表示されること以前に、検索結果ページに表示されるには、まず検索に使われるであろうキーワードが「商品名」や「商品説明」、商品登録時に設定する「検索キーワード」の欄に登録されていなければいけません（詳しくは第3章で解説します）。

◇商品登録ページでは「商品名」や「検索キーワード」を設定可能

　ここで重要なのは、それら商品情報をしっかりと追加することだけでもAmazonサイト内でのSEO効果が向上する、つまり検索結果の順位上昇を狙うことができるということです。

　そして、さらなる検索結果の上位表示を目指すためには、売上実績をつくる必要もあります。ではどうすれば商品を買ってもらえるのか。仮に自社商品をクリックしてもらったとしても、商品情報が貧弱であれば、その商品が具体的にどのような商品なのかをユーザーに知ってもらうことはできません。もちろ

ん、購入してもらえることもないでしょう。

つまり、どちらの意味でも**商品情報の充実が必要不可欠**なのです。検索結果上位に表示させるためにも、ユーザーに豊富な判断材料を提供して気持ちよく購入してもらうためにも、商品情報を充実させることがその第一歩になるわけです。

売れる商品がより売れるのがAmazon

商品情報が充実すれば、検索結果の順位が上昇すると同時に、コンバージョン率（商品ページの閲覧者数に対する購入率）が上がります。商品を購入してもらえれば、いきなり検索結果ページの上位に表示されるかはともかく、表示される順位が上がります。

また、Amazonにはランキングページがあると前述しました。商品が売れればカテゴリーごとのランキングページにも表示されるようになるかもしれません。すると自社商品がユーザーの目に触れる機会が増えることになります。

検索結果ページの掲載順位が上がり、ランキングページなどでも表示されるようになれば、**それだけ商品ページを閲覧されることが多くなり、商品を購入される機会も増えます。**

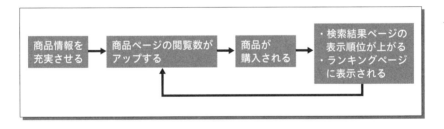

目指すべきはこのようなサイクルをつくることです。Amazonは売れる商品がより売れるしくみになっています。そのはじめの一歩が商品情報を充実させることであり、その結果として、検索結果ページやランキングページでの上位表示を狙うことが、Amazonに出品する上で一番に目指すべきことと言えます。

07 出店&販売にかかる費用を知っておく

➡ 出品プランと販売手数料を知る ➤ ➤ ➤

　Amazonに出品するには、月額手数料や販売手数料、（必要な場合は）物流委託費用などがかかります。ただし、それほど高額なものではなく、**月額手数料でも最大で5000円程度、販売手数料も特殊なカテゴリーを除き、売上の8〜15%ほど**です。まずは、基本となる出品プラン（小口出品もしくは大口出品）と販売手数料について説明します。

小口出品のコスト

　すでに世の中に出回っている商品を販売する卸業者や小売店の場合、多くの場合は先行してAmazonで販売している競合企業がいると思います。そのような商品を販売する場合、すでに公開されている商品ページへ相乗りするかたちになります。オリジナル商品の販売はなく、相乗り商品だけを販売する場合は小口出品を選択することが可能です。

　小口出品の手数料は1商品販売するごとに100円＋商品カテゴリーごとに設定されている販売手数料がかかります。月額の固定費用はかからないので販売点数が少ない場合に向いていますが、**小口出品は月間商品販売数の制限や一括商品登録、広告など、いくつかの機能制限があるので、できることはかなり限られます。**個人ユーザーで細々とAmazonを活用するにはよいかもしれませんが、**中小企業以上の規模であれば大口出品をおすすめします。**

大口出品のコスト

　オリジナル商品を販売する場合は大口出品が必須です。大口出品は月額で固定の費用が発生し、その金額は4,900円です。大口出品の場合も、小口出品と同様に1商品売れるごとに発生する商品カテゴリーごとの販売手数料が必要になります。ただし100円の販売手数料は発生しません。

販売手数料

　販売手数料は商品カテゴリーごとに異なります。特殊な商品カテゴリーである「Amazonデバイス用アクセサリ」の販売手数料は45％と高額ですが、それ以外のカテゴリーはすべて8～15％の間に設定されています。ただし、本、CD、DVDなどのメディア商材は、小口出品・大口出品に関わらず「カテゴリー別成約料」が発生し、1商品売れるごとに80円～140円の費用が販売手数料とは別に必要となります。

販売手数料が固定のカテゴリー			—
本	15%	なし	本、カレンダー、雑誌、その他出版物
CD・レコード	15%	なし	CD、カセットテープ、レコード、その他録音された音楽
DVD	15%	なし	映画/テレビ番組
ビデオ	15%	なし	映画/テレビ番組
エレクトロニクス（AV機器＆携帯電話）	8%	30円	テレビ、CDプレーヤー、カーオーディオ、GPS

https://sell.amazon.co.jp/pricing.html#referral-fees

➡ 物流委託費用を知る　～FBA

　Amazonは「フルフィルメント by Amazon（FBA）」という**受注・配送とカスタマーサポートを代行してくれるサービス**を提供しています。もちろんFBAを使用しない場合はこの手数料は発生しませんが、自社発送の場合でも送料を自社で負担するか購入者に負担してもらう必要があるので、送料を自社負担にする場合はFBAのコストはそれほど高くはないでしょう。

配送代行手数料

　FBAを利用する場合は1つ商品が売れるごとに次の配送代行手数料が発生します。

▶ 小型・標準サイズ：193円〜603円

▶ 大型サイズ：589円〜1,756円

▶ 特大型サイズ：2,755円〜5,625円

FBA配送代行手数料

1点あたりの料金は、注文商品のピッキング・梱包・配送・カスタマーサービス・返品の料金を含みます。

FBA小型軽量商品プログラム - 小型	25cm x 18cm x 2.0cm以内	250g以内	193円
FBA小型軽量商品プログラム - 標準1	35.0cm x 30.0cm x 3.3cm以内	1kg以内	205円
小型サイズ	25cm x 18cm x 2.0cm以内	250g以内	290円
標準サイズ区分1	35.0cm x 30.0cm x 3.3cm以内	1kg以内	381円
標準サイズ区分2	60cm以内	3kg以内	434円

https://sell.amazon.co.jp/pricing.html#fulfillment-fees

在庫保管手数料

　FBAで配送代行手数料のほかに必ずかかってくるのが在庫保管手数料です。10月〜12月の繁忙期は費用が高くなりますが、目安としては小型サイズの商品で1ヶ月50円程度となります。

FBA在庫保管手数料 *

在庫保管手数料は、在庫のAmazonフルフィルメントセンターにおける1日あたりの平均スペース使用量に基づいて算出されます。

服&ファッション小物、シューズ&バッグカテゴリーを除く

1月〜9月	5.160円 x〔[商品サイズ（cm3）]/（10cm x 10cm x 10cm） x[保管日数]/[当月の日数]	4.370円 x〔[商品サイズ（cm3）]/（10cm x 10cm x 10cm） x[保管日数]/[当月の日数]
10月〜12月	9.170円 x〔[商品サイズ（cm3）]/（10cm x 10cm x 10cm） x[保管日数]/[当月の日数]	7.760円 x〔[商品サイズ（cm3）]/（10cm x 10cm x 10cm） x[保管日数]/[当月の日数]

https://sell.amazon.co.jp/pricing.html#fulfillment-fees

第 2 章

出品前に
決めておくこと

08 Amazonの出品形態は「セラー」が基本

➡ 本書は「セラー」の「大口出品」で解説 ▷ ▷ ▷ ▷

　Amazonとの取引形態にはリテールとマーケットプレイスの2種類がありますが、**この本で説明するのは基本的にマーケットプレイスになります。**マーケットプレイスは、Amazonのプラットフォームを借りて商品を販売するビジネスで、そのビジネスを行う者は**セラー**や**出品者**と呼ばれています。セラーは誰でも簡単にアカウントを作成して、商品によってはその日のうちに販売を開始できるものもあります。

　また、セラーとして商品を出品する場合、大口出品と小口出品の2つのプランがあり、**以降は大口出品を前提とした解説になります。**繰り返しになりますが、小口出品はできることがかなり制限されるため、ある程度の売上規模を期待しているのであれば、最初から大口で出品しておいたほうが何かと便利です。とはいえ、大口出品と小口出品はいつでも切り替えられるので、もし不安な場合はまずは小口出品で登録し、マーケットプレイスのしくみに慣れてきたら大口出品に切り替えるようにしてもよいでしょう。

🛒 POINT 　リテールとベンダー　🔍

　先述の通り、Amazonは自身が仕入れて販売をするリテールビジネスも行っています。これは一般的な小売店と同様に、Amazonからメーカーや卸売業者（ベンダーと呼ばれます）へ発注があり、商品を卸値で売買する取引形態です。しかしこの場合、ベンダー側はAmazonとリテール契約を結ぶ必要があり、しかも招待制のため、誰でも簡単にはじめるというわけにはいきません。ですので本書ではリテールについて触れず、マーケットプレイスを前提に解説を進めていきます。

09 セラーアカウントの作成をはじめる

➡ セラーアカウントとは？

Amazonのマーケットプレイスに出品するためのサービスのことを**セラーセントラル**と言い、出品に関わることはすべてセラーセントラル上で行います。そして、**セラーセントラルを使用するには出品用のセラーアカウントが必須です**。これはAmazonで買い物をする際の通常アカウントとは別ものになります。

出品用のアカウントとして個人の買い物用のメールアドレスを使用することもできますが、注文が入った際などにはAmazonからメールが頻繁に送られてくるようになります。ですので、**出品専用のメールアドレスは別途設けることをおすすめします**。メールアドレスを複数持っていない場合は、Gmailなどの無料で作成できるものを使用すればよいでしょう。

➡ 作成前に手元に用意しておくもの

アカウントの作成にはクレジットカードのほか、いくつかの書類が必要です。あらかじめ手元に用意しておきましょう。銀行口座の取引明細やクレジットカードの取引明細は、架空の企業や犯罪組織でないかの確認のために必要なものと思われます。詳しくは「https://sell.amazon.co.jp/sell/identity-verification.html」のページから確認することもできます。

◇**作成に必要なもの**
▶クレジットカード（デビットカードも可）
▶銀行口座
▶メールアドレス
▶電話番号
▶登記事項証明書（法人の場合）
▶本人確認書類
　→パスポート or 運転免許証

▶過去180日以内に発行された各種取引明細書1部※

　　→クレジットカードの利用明細書 or インターネットバンキング取引明細 or
　　　預金通帳の取引明細書 or 残高証明書

　　※ただし、PCやスマホ画面のスクリーンショットや、画面に表示されたデー
　　　タを撮影したものは不可。紙の原本を撮影したものは可

➡ お店の名前の決めかた ▶▶▶▶▶▶▶▶

　すでにAmazonで使用されている名前でなければ、店舗名は自由に決める
ことができます。しかし、**店舗名として登録するのは会社名や屋号名、ブラン
ド名などが妥当です**。例えば店舗名に「○○円以上送料無料！」などの補足的
文章を入れることも可能ですが、これでは「販売価格の安さ」に寄ってしまっ
て会社やブランドの価値に影響を与えかねません。これは一例ですが、基本的
には補足の文章は入れずに自社の会社名やブランド名だけにしておくのがよい
でしょう。なお、店舗名はあとからでも変えられるので、まずは仮の名前を登
録しても問題ありません。

➡ アカウントの作成を開始する ▶▶▶▶▶▶

手順❶ まず、「https://sell.amazon.co.jp/」と打ち込んで「Amazon出品
サービス」のページにアクセスしてください。

手順❷ 月額4,900円の大口出品ではじめるかたは「さっそく始める」をクリ
ック、Amazonの出品のしくみに慣れるためにまずは無料の小口出品からは
じめるというかたは、ページ下部の「小口出品サービスに登録する」をクリッ
クしてください。

手順❸ このとき、ログインを促されるので、個人の買い物用のアカウントと分けたい場合は「Amazonアカウントを作成」をクリックして出品用アカウントの作成を進めます。

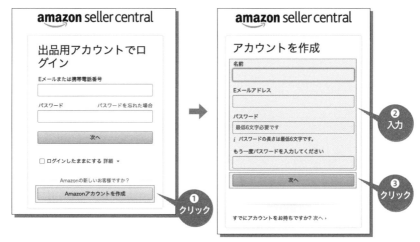

手順❹ 以降は大口出品のアカウント作成方法について説明します。アカウント作成を進めると、下記の情報の入力を求められます。順に見ていきましょう。

▶企業情報
▶個人情報
▶請求先情報
▶ストア情報
▶本人確認

アカウント作成①
会社に関する情報を登録する

➡ 会社の所在地や業種を登録する ▶ ▶ ▶ ▶

手順① はじめに事業所の所在地や法人名を登録します。

①事業所の所在地

多くのかたは「日本」になると思います。

②業種

おそらくほとんどのかたが中小企業または個人事業主だと思いますので、「非上場企業（法人）」または「個人事業主」を選んでください。

③登記簿上 法人名

ここでは英語と日本語、2つの表記が必要となります。登記簿に掲載されている内容をそのまま入力してください。

手順② 登録後、「ビジネスの場所と種類が正しいことを確認しました。～」にチェックを入れて、「同意して続行する」をクリックすると次の画面に進みます。

➡ 会社に関する詳細情報を登録する ▷▷▷▷

手順① 法人番号や会社の住所を、登記簿をもとに入力していきます。

---

①—②—③—④—⑤

企業情報 Bluegoose G.K.

① **法人番号** ⓘ

② **登録されている会社住所** ⓘ

ⓘ Amazonは、登録情報の確認コードを記載したハガキを送って、この住所を確認することがあります。登録が完了するまで住所を変更することはできないため、住所が正しく入力されていることを確認してください。

日本 ⌄

郵便番号

都道府県

市区町村群

住所1

アパート/建物/部屋/その他

☐ 住所が正しいことを確認し、住所確認が完了するまでこの情報は変更できないことを理解しています。

③ **ワンタイムパスワードの取得方法**
◉ SMS ○ 電話
確認のための電話番号
● ▾ +81 90-1234-5678
国番号（+81）の後に、最初の0を除いた市外局番と電話番号を続けて入力してください。

SMSで本人確認する際の言語
日本語 ⌄

［　　　　　　SMSを送信する　　　　　　］

④ **主なご担当者のお名前（半角ローマ字）**
名
ミドルネーム
姓
氏名はパスポートまたは身分証明書に記載されている通りに入力してください。

［　　　　　　次へ　　　　　　］

①法人番号

登記簿に掲載されているものを入力してください。

②登録されている会社住所

こちらも登記簿に掲載されているものを入力してください。入力したら「住所が正しいことを確認し、〜」に忘れずにチェックを付けます。

③ワンタイムパスワードの取得方法

携帯電話をお持ちのかたは、「SMS」を選択して携帯電話番号を入力してください。その際、先頭の「0」を省いて入力するのを忘れないようにしましょう。「SMSを送信する」をクリックすると、携帯電話にメッセージが送られてくるので、そこに記載されている6桁の数字を画面の入力欄に入力してください。もし携帯電話をお持ちでない場合は、「電話」を選択すると電話がかかってくるので、その電話の音声案内の番号を入力してください。

④主なご担当者のお名前（半角ローマ字）

ご自身か、ご担当者のかたの名前をローマ字で入力してください。ミドルネームは未記入で大丈夫です。

手順② 入力が完了したら「次へ」をクリックします。

11 アカウント作成②
個人に関する情報を登録する

➡ 個人情報を登録する ➡ ➡ ➡ ➡ ➡ ➡ ➡ ➡

手順❶ ここでは出品者自身の個人情報を登録します。

```
✓――――②――――③――――④――――⑤

以下の個人情報: Kenichi Oikawa

① 国籍
  日本                                        ⏷
② 出生国
  日本                                        ⏷
③ 生年月日
  日 ⏷   月 ⏷   年 ⏷
④ 身元の証明
  パスポート           ▾      番号
  有効期限日
  日 ⏷   月 ⏷   年 ⏷
⑤ 発行国
  国を選択                                     ⏷
⑥ 身分証明書に記載されている名前
  姓
  名

⑦ 居住住所:
  ● JP, ▓▓▓▓▓▓▓▓▓▓▓▓▓▓▓▓▓▓▓
  + 別の住所を追加

⑧ 携帯電話番号
  ● +81▓▓▓▓▓▓▓
  '+ 新しい携帯電話番号を追加

⑨ Kenichi Oikawa
  ☐ ビジネスの受益者です
  ☐ 会社の法務担当者です

  私はビジネスのすべての受益者を追加しました。
  ○ はい
  ○ いいえ

        戻る              保存
```

①国籍

ご自身の国籍を選択してください。多くのかたは「日本」になるかと思います。

②出生国

こちらも同様に多くのかたは「日本」になるかと思います。

③生年月日

西暦で入力してください。

④身元の照明／有効期限日

運転免許証かパスポートのどちらかを選択し、その番号を入力してください。また、その有効期限も西暦で入力します。

⑤発行国

運転免許証またはパスポートの発行国を選択してください。

⑥身分証明書に記載されている名前

名前を入力してください。

⑦居住住所

登記簿の住所と異なる場合は、「別の住所を追加」をクリックして住所を登録してください。

⑧携帯電話番号

どうしても登録したい場合は登録していただいてもよいですが、基本的に追加しなくても大丈夫です。

⑨ビジネスの受益者／会社の法務担当者

「ビジネスの受益者です」「会社の法務担当者です」という項目があり「受益者」という言葉が少々わかりにくいですが、受益者＝経営者という認識で問題ありません。少人数の会社でご自身が会社の経営者であれば、両方ともチェックを入れてください。次の「私はビジネスのすべての受益者を追加しました」

も理解しにくい文章ですが、ご自身の個人情報を入力したことを確認して「はい」を選択すれば問題ありません。

手順② 最後に「保存」をクリックします。

➡ 請求先情報を登録する

手順① 大口出品の月間登録料やFBA利用料の請求先としてクレジットカード情報を入力します。

手順② 「次へ」をクリックします。

➡ ストア情報を登録する

手順① 次の「ストア情報」では、自分の商品・ブランドに関する情報を入力します。

①ストア名

　Amazon上に表示されるお店の名前を入力します。「ストア名」はあとから
でも変更できるので、もしまだ決まっていない場合は仮の名前を登録してくだ
さい。

②すべての商品にUPC/EAN/JANコードは付いていますか？

　Amazonで販売予定の商品に製品コード（P.57参照）が付いていれば「はい」
を、製品コードが付いておらず取得予定もない場合は「いいえ」を選択します。

③Amazonで出品を希望する商品のメーカーまたはブランド所有者ですか？

　自社で製造している商品を販売する場合は「はい」を、仕入れた商品を販売
する場合は「いいえ」を、どちらも販売予定の場合は「一部」を選択します。

手順②　「次へ」をクリックします。

➡ 本人確認書類をアップロードする

手順①　最後に、身分証明書と、銀行口座の取引明細またはクレジットカード
の明細を添付します。通帳の場合、表紙、1ページ目、直近90日分の明細をア

ップするようにしましょう。その際、金額などは隠しても問題ありません。身分証明書や銀行口座の明細などは、カラーでスキャンしたものをアップすることをおすすめします。スマホで撮影した写真などの場合、文字がぼやけてしまうことで申請が通りにくくなり、やりなおしとなる可能性が高いためです。

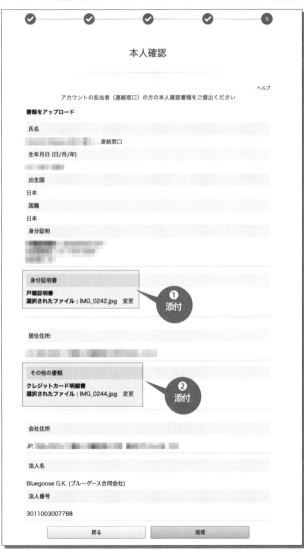

手順② 「送信」をクリックすればアカウント登録の申請が完了します。

12 アカウント作成③ Amazonによる認証を行う

➡ Amazon担当者に本人確認をしてもらう

　以前はこの段階で申請が却下されることが多く、何度も身分証明書などの画像を送りなおす必要がありましたが、最近はAmazonの担当者が直接確認するプロセスに変更となりスムーズに確認してもらえるようになりました。

手順❶　「ID認証」のページで確認方法を選択（2021年5月現在は「ライブビデオ通話を使う」のみ選択可）し、「次へ」をクリックします。

手順❷　本人確認のため、Amazon担当者と面談する日時を指定します。指定したら「次へ」をクリックします。

手順❸ 面談時に必要な書類や注意事項を確認し、問題なければ「録画のお知らせ」の項目にチェックを入れて、「次へ」をクリックすれば完了です。

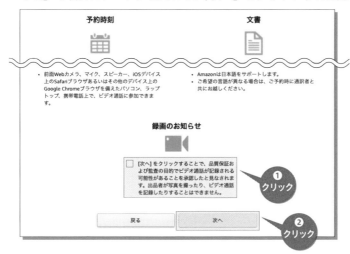

手順❹ 申請が完了したらAmazonからメールが送られてくるので、メールの内容を確認してください。メールにも記載されていますが、Amazon担当者とのビデオ通話の日時になったら、セラーセントラルにログインすると下記のページに飛ぶので、「ビデオ通話に参加する」をクリックして参加してください。

13 セラーセントラル画面の見かた

➡ 頻繁に利用する4つのメニュー ▷ ▷ ▷ ▷ ▷

　新規アカウント作成時と同様に「https://sell.amazon.co.jp/」を打ち込んでアクセスするか、「セラーセントラル」と検索してセラーセントラルの画面を表示してください。

　このページはこれから何度もアクセスすることになるので、Webブラウザのお気に入りなどに登録しておくと便利です。頻繁に利用するメニューは、主に下記の4つのメニュー内のページになります。

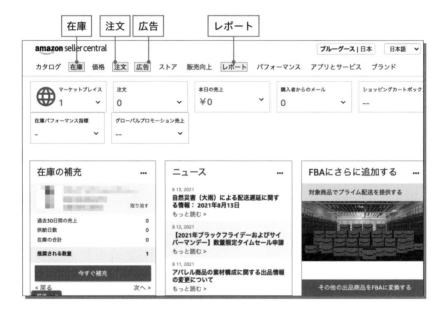

在庫

　新規商品の登録や商品情報の修正などで使用するメニューです。販売価格の変更などもこのメニューから行います。

注文

　実際にユーザーから注文が入ったら、このページから確認できます。購入したユーザーの個人情報なども一部閲覧できるので、このメニューの取り扱いには注意しましょう。

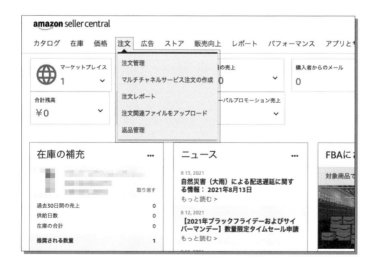

広告

　Amazon広告や値引きプロモーションなどを設定するためのメニューです。
「広告キャンペーンマネージャー」をクリックすると、広告専用のページへと
推移します。

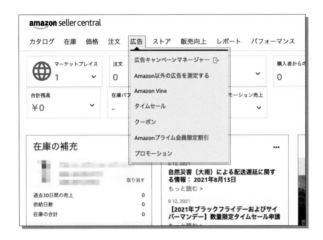

レポート

　どの商品が、いつ、どのくらい売れたか、閲覧されたかがわかるレポートで
す。在庫補充や商品情報充実化の優先順位づけなどに利用したいデータが閲覧
できるので、積極的に活用したいメニューです。

14 発送方法の決めかた FBAと自社発送

➡ FBAと自社発送の作業フロー

　FBAの利用は商品登録後、FBAを利用したい商品をFBAに登録して専用のラベルを貼り、Amazonの倉庫に商品を発送するだけなので手軽に利用できます。一方の自社発送は、顧客から注文が入るとAmazonからメールが届きますので、注文内容を確認して納品書を印刷し、商品と納品書を箱に入れるなどして、送り状を貼って発送して出荷通知を送信すれば完了です。詳しい発送手順は第4章で解説します。

◇FBAの手順
▶商品登録後にFBAに登録（商品のサイズ、重量、個数など）
▶登録した商品をAmazonの倉庫に納品
▶注文が入ったら、Amazonが受注・発送を代行してくれる

◇自社発送の手順
▶注文メールを受け取る
▶注文内容を確認して納品書を印刷
▶商品と納品書を梱包
▶送り状を貼って発送
▶出荷完了通知を送信（送り状の追跡番号があれば番号を入力する必要あり）

➡ FBAで得られる3つのメリット

　FBAの利用にかかる手数料はP.31で記した通りなので、ここではFBAを使うことのメリットについて解説します。FBAを活用するメリットは大きく3つあり、1つは**受注から配送までを代行してくれるのでその手間が省けること**です。上記の説明の通り、自社発送の場合には注文が入ったことを都度確認する必要があり、その度に納品書の印刷、梱包、送り状の発行、発送という手間がかか

りますが、FBAであればそれらをすべて代行してくれます。

2つ目は配送スピードがAmazonと同じになることで翌日配達や即日配達が可能になり、**お客様が商品を購入する確率（コンバージョン率）が大幅に上がること**です。おおげさな話ではなく、実際に自社配送からFBAに切り替えるだけで売上が2倍や3倍になることはよくあります。

3つ目は**カスタマーサポートを代行してくれること**です。FBAを活用すると、購入者からのお問い合わせ、返金、および返品を、Amazonのカスタマーサービスチームが管理してくれるので、出品者の時間の節約につながります。ただし、商品に関するお問い合わせは出品者自身が対応する必要があります。

そんなFBAで気をつけなければいけないのが在庫保管手数料です。在庫保管手数料は商品のサイズや期間によって費用が変わり、特に大型の商品であったり、頻繁には売れずにAmazonに預ける期間が長い商品だったりすると、このコストがかさんでしまいます。そのためFBAは、回転率のよい商品に絞って活用することをおすすめします。

◇**FBAと自社発送の使い分け**
▶回転率のよい小〜中型商品 ➡ FBAに向いている
▶頻繁には売れない商品や大型商品 ➡ 自社発送に向いている

🛒 POINT 服＆ファッション小物とシューズ＆バッグの返品手数料 🔍

服＆ファッション小物とシューズ＆バッグのカテゴリーでは、30日以内の返品時の購入者手数料を無料にすることで購入を促すようにしています（FBA利用商品が対象）。そのため、本来購入者が支払うべきその返品手数料を、服＆ファッション小物とシューズ＆バッグの場合は出品者が負担することになります。かかる返品手数料は、FBAでかかる手数料の合計と同額です。

ただし、2021年3月15日から2022年3月31日まで、服＆ファッション小物、シューズ＆バッグカテゴリーの購入者返品手数料を免除する無料プロモーションを実施しています。

POINT 　賞味期限／消費期限のある商品 🔍

　「食品」「ペットフード」「医薬部外品」など、賞味期限／消費期限のある商品は、自社発送の場合は自社での管理となりますが、FBAを利用する場合は制限や守るべきルールがあり、例として以下のようなものがあります。

▶ 室温で管理できる
▶ 倉庫到着時に消費期限まで60日以上の期限が残っている
▶ 法令に沿った賞味・消費期限の印字が外から見える場所にある

　また、個別の商品ごとに初回納品前に何らかの対応が必要な場合があるなど、注意が必要です。詳細はAmazon出品大学の「FBAを活用しよう」の「要期限管理商品のFBA利用方法」を確認してください。

➡ 自社発送なら狙いたい「マケプレプライム」 ➡

　自社配送の場合でもAmazonの配送レベルと同等のレベルで配送できる場合は、FBAと同じ効果を発揮することが可能です。商品ページや検索結果ページで水色の文字の「prime」というアイコンをご覧になったことがあるかたも多いと思いますが、Amazonのプライム会員は商品を購入する際に翌日・即日配達などの最短での配達日を選ぶことができるようになっています。primeマークは、その対象となる商品であることを示すためのものです。

　Amazonが販売・配送する商品は大型商品などの例外を除くほぼすべての商品にprimeマークが付いていますが、マーケットプレイスで出品される商品でもFBAを活用するとこのprimeマークが付けられます。そして重要なのは、**自社配送でもAmazonが発送するのと同レベルだと認められればprimeマークが付く**ということです。これを**マケプレプライム**（マーケットプレイスプライムの略）と呼ばれています。

　プライム会員のお客様の多くは、primeマークが付いている商品はすぐ届くという理解をしているので、**primeマークが付いている時点で安心して購入する傾向にあります**。さらに、**Amazonの検索結果などでもprimeマークが付**

いている商品のほうが表示順位が高くなる傾向にもあります。ですので、これを活用しない手はありません。

　FBAやマケプレプライムは、出品者が売上を上げるための必須の手段といっても過言ではありません。商品の大きさや種類などによってうまく使い分けて、お客様に優先的に購入してもらえる状況をつくりましょう。

マケプレプライムに参加するには？

　マケプレプライムに参加するためには、まずはトライアルで実績を積み上げ、その資格ありと認められれば正式参加となります。マケプレプライムのトライアルは、Amazon出品大学の「マケプレプライム　トライアル」のページなどから申し込み可能です。そして、トライアル時に積み上げるべき実績の指標は次の4つです。

▶①注文即日の出荷率：99％以上
▶②期日内配送率：96％以上
▶③追跡可能率：94％以上
▶④出荷前キャンセル率1％未満

　また、参加資格を得たあとも、継続して次の指標をクリアし続けないと参加資格取り消しの対象となります。

▶①期日内配送率：96％以上
▶②追跡可能率：94％以上
▶③出荷前キャンセル：1％未満

第 **3** 章

Amazonに商品を
出品する

15 Amazonに出品するための流れ

➡ 商品の登録状況によって分かれる出品方法 ➡

　Amazonに商品を出品する方法は、出品したい商品のAmazonでの登録状況によって異なります。登録状況というのは、Amazonに商品ページが存在しているか否かです。まだAmazonで販売されていない商品の場合は、商品ページが存在していないということなので、自分でイチから商品ページを作成する必要があります。一方で、誰かがすでにAmazonで販売されている商品であれば、既存の商品ページに対して相乗りするかたちですぐにでも出品することができます。

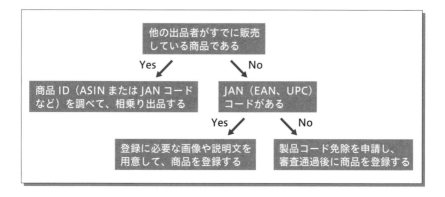

商品ページの有無を確認する方法

　セラーセントラルの上部メニューにある「在庫」から「商品登録」をクリックすると商品登録ページが表示されます。このページで検索すれば、商品ページが存在しているか否かがわかります。Amazonで商品ページを見つけられる場合はASINで、Amazonで商品ページが見つからない場合でも出品したい商品に製品コード（JAN、UPC、EANコードなど）があれば念のためその製品コードで検索を行ってください。

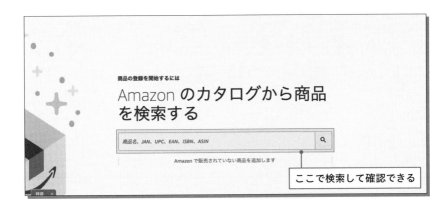

JANコードの有無によってさらに分岐する

Amazonに商品ページがない場合は、自分で商品ページを作成しなければいけません。そのときにあると便利なのが**JANコード**です。JANコードとは、「どの事業者の、どの商品か」を表す世界共通の製品コード（ほかにもEAN、UPC、ISBNなどがある）で、スーパーや量販店、コンビニなどで販売されている商品であればほぼすべてに付いています。バーコードで表示されているので、多くのかたが目にしたことがあるでしょう。**Amazonに出品する際もこのJANコードがあるとスムーズに出品できる**ので、すでにJANコードをお持ちのかたはそちらをご準備ください。

JANコードを持っていない場合でも「製品コード免除」を申請することで製品コードなしでも商品登録ができるようになります。ただし、後述しますが製品コードを免除して出品すると、基本的には「ノーブランド品」という表示での出品となります。これでは販売上不利になりやすいので、いっそのことJANコードを取得してしまうほうがよいかもしれません。

POINT　ASINとは？　🔍

ASINとは、Amazonで販売されている商品に割り振られている商品IDのことです。ASINは、セラーセントラルの「在庫」メニューにある「在庫管理」から閲覧できる商品リストか、商品ページ上でも確認できます。

JANコードを取得するには?

➡ JANコードの取得先と申請料金

　JANコードを持っていない場合でも、JANコードは比較的簡単に取得することができます。JANコードがあればAmazonの商品登録がスムーズになるだけでなく、**Amazon以外の販売店や、海外への進出の際も効率的に進めることが可能となります**。長い目で自社ブランドの展開を考えている場合は、最初からJANコードを取得しているほうが何かと便利だと思いますので取得を検討してみてもよいでしょう。

　JANコードの登録管理はGS1 Japanという機関が担っていますので、こちらから申請してください。

▶GS1 Japan：https://www.dsri.jp/jan/jan_apply.html

　JANコードの取得には業種や年商に応じた申請料を支払う必要があります。申請料は区分Ⅰと区分Ⅱに分かれており、区分Ⅰは"年商の50％以上が「製造事業」、「自社商品の販売事業」の売上に該当する事業者"で、区分Ⅱは"年商の50％以上が「卸売事業」、「小売事業」、「サービス事業等」の売上に該当する事業者"となります。それぞれの業態と料金については、GS1 JapanのWebページから引用します。

◇区分Ⅰと区分Ⅱの業態の定義
▶製造事業とは、「モノ」を製造（加工）販売している事業をいいます。
▶自社商品の販売事業とは、オリジナル商品・プライベートブランド商品（製造を外注しているものも含む）を取引先や消費者等に販売している事業をいいます。
▶卸売事業とは、他社から完成品を仕入れ、加工せずに取引先に販売している事業をいいます。

▶ 小売事業とは、他社から完成品を仕入れ、加工せずに消費者等に販売している事業をいいます。 ※自社商品の販売事業は区分Ⅰに含まれます。

▶ サービス事業等とは、サービス（無形の商品）を提供している事業をいいます。

(例) 飲食業、ホテル、物流業、不動産業、エンターテイメント、広告・イベント業、金融・保険業、各種学校、電気・ガス・通信業、医療機関、官公庁等

◇ 申請に必要な料金

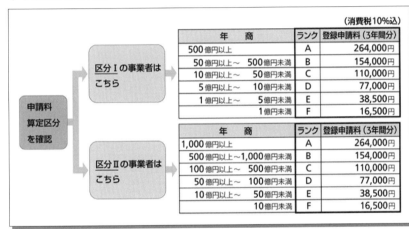

（消費税10%込）

区分Ⅰの事業者はこちら

年　　商		ランク	登録申請料 (3年間分)
500億円以上		A	264,000円
50億円以上〜	500億円未満	B	154,000円
10億円以上〜	50億円未満	C	110,000円
5億円以上〜	10億円未満	D	77,000円
1億円以上〜	5億円未満	E	38,500円
	1億円未満	F	16,500円

申請料算定区分を確認

区分Ⅱの事業者はこちら

年　　商		ランク	登録申請料 (3年間分)
1,000億円以上		A	264,000円
500億円以上〜1,000億円未満		B	154,000円
100億円以上〜	500億円未満	C	110,000円
50億円以上〜	100億円未満	D	77,000円
10億円以上〜	50億円未満	E	38,500円
	10億円未満	F	16,500円

➡ JANコードの商品番号を管理する方法 ➡ ➡

　JANコード取得後は、商品ごとに異なるJANコードを自分で作成する必要がありますが、無作為に番号を割り振ってよいわけではありません。通常、JANコードは13桁の0から9までの数字で成り立っており、9桁まではGS1から貸与される「事業者コード」となります。この9桁は、1つのブランド（企業）で共通のものです。

◆JANコードの命名ルール

その後ろの3桁が「商品アイテムコード」で、商品ごとに異なる数字を設定する部分です。この数字をしっかり管理しておかないと重複したJANコードを作成したり、作成したJANコードを忘れてしまったりするので、**ExcelなどでJANコードと商品情報を紐付けて管理するようにしましょう。**

そして、最後の1桁に「チェックデジット」と呼ばれる特殊な計算式で導き出す数字を設定します。このチェックデジットは手前の12桁まで決まっていれば自動的に決まります。計算した数字を表示してくれるページをGS1が用意してくれているので活用してください。

◆チェックデジットの計算方法

チェックデジットの自動計算入力フォーム

計算したいコードの入力欄に、GS1事業者コード、商品アイテムコード等を半角数字で入力し、「計算」ボタンをクリックしてください。チェックデジットが自動計算されて表示されます。
計算結果につきましては、各事業者の責任のもとでご利用ください。

コードの種類	入力欄	チェックデジット表示欄
GTIN（JANコード）標準タイプ（13桁）	[計算] 12桁を入力	
GTIN（JANコード）短縮タイプ（8桁）	[計算] 7桁を入力	
GTIN（集合包装用商品コード）（14桁）GS1事業者コードの前にインジケータ1桁を設定します。	[計算] 13桁を入力	
U.P.C.（12桁）	[計算] 11桁を入力	
SSCC（18桁）（出荷梱包シリアル番号）	[計算] 17桁を入力	

https://www.dsri.jp/jan/check_digit.html

JANコードなしで商品登録を進めるには?

➡️「製品コード免除の申請」におけるブランド名

　JANコードがない場合でも、「商品コード免除の申請」を行えば商品登録を進めることができます。ブランド名がない手作り品や、複数の商品をまとめたセット商品を扱う場合に便利な方法ですが、デメリットもあります。それは**製品コード免除の申請をして商品登録をすると「ノーブランド品」という統一されたブランド名で商品登録することになってしまう**ことです。この場合、例え何らかのブランド品だとしても「ノーブランド品」というブランド名になってしまうので、商品ページの信用度が多少なりとも落ちるとともに、ブランドが育たず、長く販売していこうとする場合には不利になりやすいと言えます。

◇ブランド名は「ノーブランド品」となる

ブランド名は商品名の上に表示される

　とはいえ、試しにAmazonで「ノーブランド品」とキーワード検索してみると、多くの商品がヒットします。しっかり商品ページを作り込んでいる商品も多く、カスタマーレビューもたくさん付いているので思っている以上に売れている印象です。自社商品でJANコードがなく、製品コードの用意などが煩わしいけど、とりあえずAmazonで自社商品が売れるかどうか試してみたい

というかたは、まずはノーブランド品で出品してみるのもよいかもしれません。

◇「ノーブランド品」で検索した画面

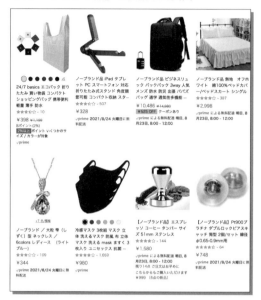

自身のブランド名で製品コード免除の申請をしたい場合

　ちなみに、商品コード免除の申請を行う場合でも、「Amazonブランド登録」を行えば自身のブランド名を表記することができます。Amazonブランド登録とは自分がブランドのオーナーであることをAmazonに証明するためのものです。これには登録商標が必要などのハードルがありますが、ブランド名を表記できるほかにもいくつかのメリットがあります。詳しくはP.160で解説します。

➡ 「製品コード免除の申請」をする方法 ➡➡➡

　ここではブランド登録をしていない状態で、「ノーブランド品」として製品コード免除の申請を行う方法を解説します。

手順❶ セラーセントラルにログインした状態で、製品コード免除を申請ページ「https://sellercentral.amazon.co.jp/gtinx/browser」にアクセスしてく

ださい。

手順② こちらのページにて、登録したい商品の「商品カテゴリー」を選択します。次に「ブランド/出版社」の項目に「ノーブランド品」と入力して「利用資格の確認」をクリックすると次のページに移動します。

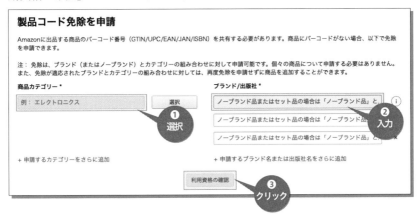

手順③ ここで「商品登録」をクリックすると通常の商品登録ページに進むので、製品コード免除が承諾された商品カテゴリーにて、製品コードなしで商品を登録することができるようになります。

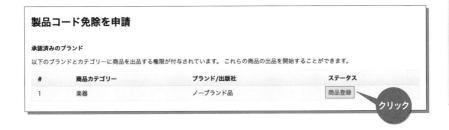

 POINT 製品コード免除はカテゴリー単位

　製品コード免除の申請は、商品カテゴリー単位で有効になります。そのため、1商品ごとに必要になるわけではありませんが、商品カテゴリーをまたいで製品コードのない商品を出品する場合は再度申請する必要があります。

18 未登録商品の新規出品時に考えること

　まだAmazonで販売されていない商品（自社オリジナル商品など）の場合、同一商品内での競争、つまりカートの取り合い（P.98参照）になることはないので、価格競争に巻き込まれるようなことはありません。しかし、商品カテゴリー内での競争は相乗り商品でもオリジナル商品でも常につきまといます。

　ですので、**まずは販売したい商品の、Amazonでの商品カテゴリーの状況を把握することが必須です**。売り場の状況を確認することで、どのような戦略をとればよいかが明確になります。

➡ 売り場の状況を調べて戦略を練る ▷▷▷▷

　はじめに、販売したい商品にとって最も重要となるキーワードは何かを考えてみましょう。多くの商品では、その商品カテゴリーの名前イコール重要なキーワードになります。ファッション系であれば、「ベースボールキャップ、ニット帽、Tシャツ、カットソー、ワンピース、ショーツ、スカート、スニーカー、ブーツ、靴下、トートバッグ、ビジネスバッグ、リュック、スーツケース」など、家電系であれば、「加湿器、除湿機、ヒーター、扇風機、サーキュレーター、冷蔵庫、掃除機、ドライヤー」などです。

　Amazonで商品を販売するのであれば、この**重要なキーワードで上位表示を狙えなければ、ほとんど購入されることはないと言っても過言ではありません**。

　ここでは仮に、あなたの会社でオリジナルのスーツケースをつくっていて、それをこれからAmazonで販売しようとしている場合で考えてみましょう。その場合、上記の通り重要なキーワードはスーツケースですので、Amazonで「スーツケース」と検索してその売り場の状況を確認します。

◇「スーツケース」で検索したときの検索結果ページ

　ページの最上位で「スポンサー」と表記されている商品は広告です。各出品者がしっかり広告を出稿していることがわかります。広告枠を除いた場合の検索（以下、オーガニック検索）結果1位の商品は「VARNIC」というブランドの商品ですが、**この位置に表示されると広告を出したり、大幅な値引きをしたりしなくても勝手に売れていく**ので、がんばってこの位置を狙っていきたいところです。そのため、検索結果1位となっている商品の出品者が、どのような対策をしているかを分析して、その対策をしていきましょう。

広告を確認する

　「VARNIC」の商品は広告でも2番目に表示されているので、広告費もしっかりかけているようです。ちなみに、1番目に表示されている「Amazonベーシック」はAmazonオリジナルブランドで、特別枠として1番目に表示されているので「VARNIC」が実質広告でも1位となります。

　オーガニック検索で1位をとっていながらも、広告でも上位の枠をしっかり押さえているので、VARNICを抜いてオーガニック検索で1位を奪うのは簡単ではないかもしれません。

商品ページを確認する

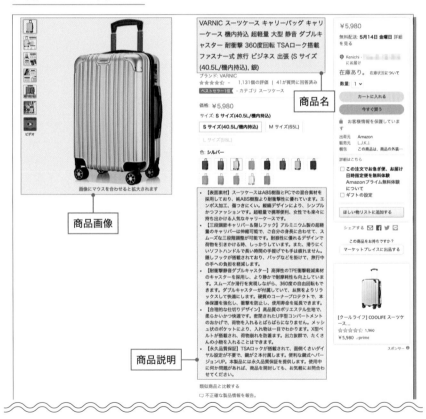

商品の説明

次に商品ページを見てみましょう。商品画像、商品名、商品説明、A＋（P.132参照）すべてがしっかりと登録されています。商品説明の文章はわかりやすく、文字数も多いので、検索で上位に表示されるための対策をかなり意識されていると思います。また、商品画像やA＋の画像も非常にわかりやすくつくられており、ユーザー視点に立って考えられています。

なお、商品画像最下部のビデオは、Amazonの担当者がつく一部の出品者のみが掲載できるものですので、通常は掲載できません。

販売価格を確認する

価格については同カテゴリー内で販売されている商品に比べ、ダントツに安

いわけではありませんが、それでもSamsoniteやACEといった有名ブランドの商品と比べるとかなりリーズナブルな価格と言えます。あまり知名度の高くないブランドが一般的なスーツケースをAmazonで販売する場合、この「VARNIC」というブランドが販売するスーツケースの価格が1つの基準となると考えてよいでしょう。

　ここまでスーツケースのオーガニック検索で1位に表示されている「VARNIC」の商品について見てきましたが、Amazonでの販売戦略をしっかり理解して対策されているようです。このような**強い商品がカテゴリーの上位にいる場合、よほどブランド力や商品の魅力がない限り、真っ向勝負をするのは分が悪いと言えます**。そこで、少しターゲットを絞り込んで対策することを考えてみましょう。

➡ 強い商品がいるならターゲットを絞り込む ➡

　検索キーワードには大きく2種類あり、それぞれ**ビッグキーワード**と**スモールキーワード**と呼ばれています。ビッグキーワードは商品カテゴリーごとに、そのカテゴリー内で最も検索されているキーワードを指します。一方のスモールキーワードは、多くの場合ビッグキーワードとの掛け合わせで検索されるキーワードになります。

　スーツケースの例で言えば「スーツケース　機内持ち込み」「スーツケース　Sサイズ」「スーツケース　大型」などです。このような**スモールキーワードを付けて検索するユーザーは、「スーツケース」で検索するユーザーよりも人数は少なくなるものの、自分の欲しいものが明確になっている分、探し求めている商品が見つかれば購入意欲も高くなります**。

　もちろん「VARNIC」などのカテゴリー1位の商品もスモールキーワードを意識していればスモールキーワードでも競合となりますが、例えば自社商品が機内持ち込みサイズのスーツケースであれば「スーツケース　機内持ち込み」に特化して対策することで「スーツケース」で対策するよりは広告費が少額で済むなどのメリットもあります。また、商品情報も機内持ち込みできるスーツケースを探しているユーザーに向けた内容に特化させれば、そのユーザーが購入してくれる割合は高まるでしょう。

スモールキーワードの見つけかた

　Amazonの検索キーワード入力欄に「スーツケース」と入力したあと、スペースを入力すると候補となるスモールキーワードがリストで表示されます。これはスーツケースに関連するスモールキーワードで最も多く検索されているキーワードをAmazonが候補として表示してくれる機能です。この機能を利用してスモールキーワードを見つけ、そのキーワードに当てはまる自社商品があれば、その商品に対して対策を施すと効率的です。

◇検索候補として表示されるスモールキーワード

　また、Amazonが表示するスモールキーワードはサジェストキーワードとも呼ばれており、サジェストキーワードをもっと多くリストアップしてくれるWebサイトもあります。P.76で紹介している「Keyword Tool」もその1つなので、気になる人は活用してみてください。

　ここではスーツケースを例としましたが、このようにターゲットを絞り込んで対策する方法はどの商品カテゴリーでも可能ですので、ぜひトライしてみてください。

19 未登録商品の出品①
商品登録の基本

➡ 商品登録ページから出品する ➡ ➡ ➡ ➡ ➡

　それでは、商品を出品してみましょう。商品の出品方法は1つひとつ登録する方法と、Excelに商品情報をリスト状に入力したものをアップする方法がありますが、まずは**1つずつ登録する方法**を説明します。後者の方法はP.90を参照してください。

手順❶　まず、セラーセントラルにログインし、上部メニューの「在庫」から「商品登録」をクリックして商品登録ページに移動します。

手順❷　Amazonですでに販売されている商品であればJANコードなどで検索してその商品を出品しますが、ここでは「Amazonで販売されていない商品を追加します」をクリックします。

手順❸　次に、出品する商品の商品カテゴリーを選択します。例えば、赤ちゃん用のセーターを出品するには、「ブラウズ」の項目で、「服&ファッション小物」→「ベビー」と進み、「セーター」の「カテゴリーを選択」をクリックします。もし登録したいカテゴリーを見つけづらければ「検索」でキーワード検索をしてみましょう。

また、対象カテゴリーの商品を今後も登録していく予定であれば、カテゴリ
ーの左側にある☆マークをクリックして「お気に入り」に追加しておくと、ペ
ージ上部の「お気に入り」の項目に表示されるようになるので便利です。

手順4　次のページにて個別の商品を登録する画面になるので、商品情報を登
録していきます。こちらのページはベビー服のセーターカテゴリーで商品を登
録する際に表示される登録フォームです。登録フォームの内容は商品カテゴリ
ーごとに異なります。商品を登録する上で、必要最低限の必須項目が赤枠で表
示されるので、それらの項目には必ず値を入力します。

　ページ上部のタブでは入力項目の切り替えが行えるほか、右上の「詳細表示」
をクリックすると商品カテゴリー特有の商品情報を入力できる項目が追加で表
示されます。より多くの情報を入力するようにしましょう。

❶ 重要情報　バリエーション　❶ 出品情報　画像

詳細表示 ⬤

ベビー＆マタニティ ＞ ベビー服 ＞ セーター

ⓘ 複数の出品者が商品詳細ページを介して同一の商品を販売する場合、購入者がお買い物を楽しめるように、Amazonは最適な商品情報を組み合わせて表示します。

＊ 商品コード(JANコード等) ⑦ ｜ 5279173125000 ｜ 選択 ∨ ｜ 🔒

出品には商品の製品コード(JAN, UPC, EANまたはGCID)の入力が必須です。カテゴリーによっては、製品コード免除の許可を申請できます。製品コード免除が許可された場合は、メーカー型番を入力してください。

詳細はこちら

＊ 商品名 ⑦ ｜ Rio メモリプレーヤー Unite 512MB ネイビー Unite130-512N ｜

＊ ブランド名 ⑦ ｜　　　　　　　　　　　　　　　　｜

＊ 表地素材 ⑦ ｜ チノクロス ｜

＊ 対象 ⑦ ｜　　　　　　　　　　　　　　　　｜

入力

手順❺ 最後に「保存して終了」をクリックすれば15分程度で商品ページが表示されるようになります。商品登録後後に表示される「Amazonサイトの出品を表示」をクリックして商品ページを確認してみましょう。

なお、必須項目以外の項目はあとからでも登録できるので、まずは商品登録するとどのように商品ページが表示されるか確認したい、という場合は最低限の情報を登録した段階で「保存して終了」をクリックしてもよいでしょう。

＊ 色 ⑦ ｜ 赤, 青, 緑, 黄 ｜

＊ カラーマップ ⑦ ｜ 赤、青、黄色 ｜

＊ 性別 ⑦ ｜ 選択 ∨ ｜

＊ 対象年齢層 ⑦ ｜ 大人nキッズnベビー ｜

＊ アパレルサイズ表記単位(国) ⑦ ｜ JP ∨ ｜

＊ アパレルサイズの表記方法 ⑦ ｜ 選択 ∨ ｜

キャンセル　｜ 保存して終了 ｜

クリック

➡ できる限り多くの情報を登録しよう

　前述の通り、ページ右上の「詳細表示」をクリックすることで入力できる項目が増えますし、商品サイズや重量のほか、カテゴリーごとにも細かいスペック情報を多数登録できるので、できる限り多くの情報を登録するようにしましょう。例えば、食品カテゴリーであれば原材料名やアレルギー情報、シューズ&バッグカテゴリーであれば素材や防水に関する情報、家電カテゴリーであればワット数やUSBポート数などです。

　そのような詳細な商品情報を追加することで得られるメリットは2つあります。1つ目は**細かい情報を掲載することで、お客様が商品を選ぶ際に迷わなくて済むこと**。2つ目は**お客様が商品検索で絞り込み機能を使ったときに、絞り込み情報に合致していれば絞り込みから除外されないこと**です。Amazonの検索ページでの絞り込み機能は、詳細なスペック情報を対象にしています（スペック情報以外からも情報を収集することはあります）。そのため、そこに情報が登録されていないと絞り込み機能の対象にならず、絞り込まれた商品一覧から除外されてしまうのです。

➡ 商品ページを再編集するには？

　セラーセントラル上部の「在庫」メニューにある「在庫管理」をクリックすると、登録済みの商品がリスト表示されます。リスト右側の「詳細の編集」をクリックすると、先ほどの商品登録ページと同様のフォームが表示されるので、そこで商品情報の追加や削除、編集が可能となります。商品登録をしたあとで商品情報を編集したいときは、この商品編集ページを使ってください。

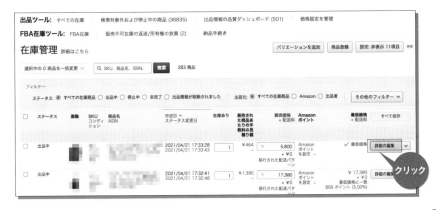

20 未登録商品の出品② 商品名の付けかた

➡ 商品名に必要な要素とは？ ➤➤➤➤➤➤

　どのようなECサイトでも商品名は重要ですが、**Amazonでも商品名は非常に重要な情報**になります。Amazonサイト内、そしてGoogle検索でもこの商品名がキーワードとなって検索結果ページに表示されますし、お客様はそれを見てどのような商品かを理解するからです。では、どのように商品名を付ければよいかというと、次の順番で、5つの要素を入れ込むことが大切です。

◇**商品名に入れるべき要素**

▶ブランド名
▶商品属性名
▶重要なスペック情報
▶固有の商品名
▶型番

　例として以下の商品を見てみましょう。

◇「Belkin ライトニング デュアルアダプター」の商品ページ

https://www.amazon.co.jp/dp/B01N2TGPQ6

こちらの商品名は 「Belkin ライトニング デュアルアダプター iPhone 12 Pro / 12 / SE / 11 / XR 対応 MFi 認証 イヤホン・充電同時 ホワイト RockSter F8J198BTWHT-A」と登録されています。これをそれぞれの要素に分類する次のようになります。

▶ **ブランド名**：Belkin
▶ **商品属性名**：ライトニング デュアルアダプター
▶ **重要なスペック情報**：iPhone 12 Pro / 12 / SE / 11 / XR 対応 MFi 認証 イヤホン・充電同時
▶ **固有の商品名**：RockSter
▶ **型番**：F8J198BTWHT-A

すべての要素が網羅されており、隙のない商品名だと言えるでしょう。ただし、食品のように固有の商品名や型番がなく、商品属性名がAmazonでの固有の商品名になる場合もあります。その場合は要素が少なくなっても問題ありません。次の例では、商品名が「OWARI 生本ズワイガニ 刺身用 カニ脚剥き身（ポーション）冷凍 500g（15～30本入）」となっていて、3つの要素から成り立っています。

▶ **ブランド名**：OWARI
▶ **商品属性名**：生本ズワイガニ
▶ **重要なスペック情報**：刺身用 カニ脚剥き身（ポーション）冷凍 500g（15～30本入）

◇「OWARI 生本ズワイガニ」の商品ページ

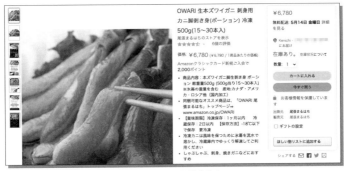

https://www.amazon.co.jp/dp/B07M7K3GQJ

➡ スペック情報で迷ったら ➡ ➡ ➡ ➡ ➡

　商品名を付ける際、もしかすると「重要なスペック情報」で迷う場合があるかもしれません。その場合は、「Keyword Tool」という外部ツールを使えば**Amazonのお客様が実際にどのようなキーワードを掛け合わせて検索しているか（スモールキーワード）を知ることができる**ので参考になります。Keyword Toolは1ヶ月69ドル～の有料会員になると対象キーワードのAmazonサイト内での検索数なども知ることができますが、無料で取得できる情報だけでもスペック情報を十分に取得できるので、無料版の使用をおすすめします。

Keyword Toolで掛け合わせキーワードを調べる

　Keyword Tool（https://keywordtool.io/jp/amazon）の使いかたは簡単で、先ほどのBelkinのアダプターであれば「ライトニング デュアルアダプター」や「デュアルアダプター」、OWARIのカニであれば「生本ズワイガニ」や「カニ」「かに」「蟹」といったキーワードで検索するだけです。

　例えば「蟹」で検索すると、「蟹 わけあり 激安」「蟹 ポーション」「蟹 足」などの掛け合わせキーワードがリストアップされます。この中で、自分が出品する商品と関連するものを選んで商品名に付ければ、Amazonユーザーが実際に検索しているものと同じキーワードを商品名に含めることができます。これによってキーワード検索に引っかかりやすくなります。

◇Keyword Toolで「蟹」と検索

☐ ▼ Keywords ?	Search Volume ?	Trend ?	CPC (USD) ?	Competition ?
☐ 蟹工船	12,200	+22%	$0.11	0 (Low)
☐ 蟹味噌	6,700	-19%	$0.15	79 (High)
☐ 蟹 ギフト				
☐ 蟹缶				
☐ 蟹 ボイル	320	+50%	$0.28	93 (High)
☐ 蟹 ポーション				
☐ 蟹 わけあり				
☐ 蟹 缶詰				
☐ 蟹 網				
☐ 蟹 足				
☐ 蟹 アミ				
☐ 蟹 アクセサリー				

しかし、たくさんの掛け合わせキーワードがあるからといって、**自分の商品と関係のないキーワードを入れてはいけません**。例えば、実際には訳あり商品ではないのに「訳あり」というキーワードを商品名に含めるなどです。そのようなことをすれば、一時的には売上が上がるかもしれませんが、嘘の情報だと知ったお客様によってカスタマーレビューなどで「嘘の情報に騙された」と低評価を付けられてしまえば、まったく売れない商品になってしまいます。

「激安」「おしゃれ」などの文言は「検索キーワード」の項目へ

また、掛け合わせキーワードの中には「激安」「おしゃれ」「かわいい」など、ブランド名、商品属性名、重要なスペック情報などに含めづらい情報も出てきますが、それらのキーワードを商品名に付けることはおすすめしません。「おすすめしない」ということは、実際には商品名に含められる場合があることを意味しますが、客観的ではない情報はお客様から逆に胡散臭く思われてしまいがちです。自社商品を売り出す際に「激安！」「おしゃれ！」と言えば言うほど、お客様は「売りつけられてる」という感情になりやすいので気を付けたいところです。

とはいえ、それらのキーワードで検索しているお客様が多数いることは間違いないので、それらのキーワードは次ページの「検索キーワード」の項目に入れるようにしましょう。

21 未登録商品の出品③ キーワードの決めかた

➡ 商品属性名を「ゆらぎ」も含めて入れる ＞ ＞ ＞

　キーワードは登録できる入力項目が2つあり、それが「検索キーワード」と「プラチナキーワード」です。プラチナキーワードは、Amazonの担当者が付くくらいの売上金額が大きな出品者などに対し、特殊なキャンペーンのときだけに周知されるキーワードを入力する項目です。普段はまったく使用しませんので、本書内で「キーワード」という場合は検索キーワードのほうを指します。

　さて、そこにどのようなキーワードを入れれば検索結果の順位を上げることができるのか。それは、**商品に対して関連性の高いキーワードを入れること**です。関連性の高いキーワードとは、ずばり**商品名（商品属性名）**です。

　先ほどの例でいえば、Belkinのライトニング デュアルアダプターであれば「ライトニング デュアルアダプター」、OWARIの生本ズワイガニであれば「生本ズワイガニ」をしっかりとキーワードに入れることが重要です。商品名と重複しますが、それで大丈夫です。また、**同じ商品属性名でもひらがな、カタカナ、漢字、ローマ字など、異なる書きかたや呼び名が想定される場合は、それらすべてを入れるようにします**。例えばアダプターであれば、「アダプター」のほかに「アダプタ」「変換」を、カニの場合は「かに」と「蟹」を必ず入れるようにします。その上で、先ほど紹介したKeyword Toolで掛け合わせのキーワードを調べて関連性の高いキーワードを追加します。

キーワードの文字数制限

　キーワードには登録できる文字数に制限があり、それを超えるとエラーとなり登録できない仕様になっています（商品一括登録の場合はたくさんのキーワードを登録できることもあるが、文字数制限を超えている場合は登録しているキーワードすべてが機能しない仕様になっている）。

　キーワードの文字数制限は、Amazonの説明によると「500バイト未満に制限されています（ファッションカテゴリーでは250バイト未満）」となっています。半角英数字の場合は1文字1バイトになりますが、日本語で使用する

全角の場合は1文字で3から4バイトとなるので注意が必要です。基本的には1文字4バイトの計算で、**ファッションカテゴリーで62文字程度、それ以外のカテゴリーで125文字程度**におさえておくとよいでしょう。

➡ ライバル商品から集客に有効なキーワードを調べる

Keyword Toolはビッグキーワードに対する掛け合わせキーワード（スモールキーワード）を調べるものでしたが、「セラースプライト」というツールのキーワード逆引きリサーチという機能を使えば**ほかの商品がどのようなキーワードで集客できているかを確認することができます。**

使いかたは、ログイン後、「キーワード逆引きリサーチ」で気になる商品のASINを検索するだけです。このツールはアカウント登録が必要なことと無料版では機能が限られることがネックですが、ほかにもさまざまな機能があるのでぜひ使ってみてください。

◇セラースプライト「キーワード逆引きリサーチ」

https://www.sellersprite.com/

➡ ブランド登録すると見られるデータも

Amazonのブランド登録（P.160参照）を行えば、セラーセントラルの「ブランド」メニューの「ブランド分析」からAmazonで実際に検索されているキーワードのデータを見ることもできます。対象となるキーワードは自社ブランドだけでなく、**Amazonで検索されるすべてのキーワード**となります。例えば商品カテゴリーごとの検索件数の多いキーワードや、そのキーワードの検索結果の上位3商品などのデータを見ることが可能です。

22 未登録商品の出品④
3つの商品説明要素について

➡ 商品説明要素の種類と特徴

商品を説明する要素には、大きく分けて「商品仕様」「商品説明」「A＋」の3つがあります。少しわかりにくいので細かく説明していきます。

商品仕様

商品仕様はAmazon内でも呼びかたがバラバラなので、1つの決まった呼び名を挙げることができないのですが、セラーセントラルで個別の商品登録をする場合は「商品の仕様」や「主要製品の特徴」という項目になっています。商品登録ページで入力します。仕様や特徴という言葉の通り、**商品を端的に説明するための項目**となります。表示場所は商品ページ上部、商品画像右側にある箇条書きの部分です。

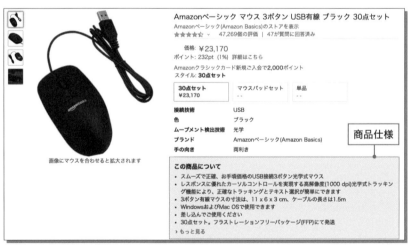

https://www.amazon.co.jp/dp/B01ND1K9TT

商品説明

　こちらも単一の呼び名ではありませんが、「商品説明」「商品の説明」「商品紹介」などと呼ばれる項目で、実際の商品ページではページの中段あたりに表示されるテキストだけの部分です。

　商品仕様と同様に商品登録ページで入力するものですが、**段落を用いて少し長めの説明文でも掲載することが可能**な点で異なります。ただし、後述するA＋を掲載することで商品説明のパートが消滅する（以下の画面のように特例的に消滅しない場合もある）ので、商品説明だけにしか掲載しない情報がないようにしましょう。

商品説明

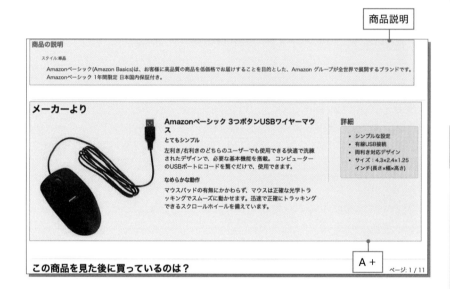

A＋（エープラス）

　A＋は、この商品ページ上では「メーカーより」と記載されている箇所で、**画像とテキストを組み合わせたコンテンツを無料で掲載できます**。セラーセントラルでは「商品紹介コンテンツ」という項目になります（P.132参照）。A＋という名称は元々Amazonのリテール部門で使用されていた言葉ですが、最近では一般的にも普及している呼び名なので、本書でもA＋と呼ぶようにします。

23 未登録商品の出品⑤ 商品仕様の書きかた

➡ 色気を出さず、基本情報に徹する

　商品名、キーワードと同様に、商品仕様にも商品名（商品属性名）をしっかり入れるようにしましょう。理由は、商品仕様も検索キーワードに対して非常に重要な役割を果たしているためです。ただし、欲張りすぎてはいけません。キーワードは商品ページに表示されない項目なので言葉の「ゆらぎ」の部分まで積極的に入れ込むべきですが、**商品仕様はお客様が実際に読んで、その商品がどのような商品かを理解するための項目です**。その説明文内で「ゆらぎ」を出してしまうと、統一感のない文章になって読みにくくなってしまいます。検索キーワードをたくさん盛り込もうと頑張るのではなく、その商品のサイズ、重量、カラーなどの情報や、スペックに関する情報、使用方法や注意点など、**お客様が商品を選ぶ際に知りたいであろう情報をしっかり掲載するようにしましょう**。

◇NG例
- ▶素材：ポリエステル100％
- ▶サイズ：30×40×8cm
- ▶重量：800g
- ▶ポケットの数：5
- ▶付属品：ショルダーストラップ

◇OK例
- ▶【丈夫な素材】ポリエステル100％で、多少雑に扱っても傷つきにくく、汚れもすぐに落とせるビジネスバッグ。
- ▶【多機能も充実】軽くて丈夫。撥水加工で大容量。ポケットの数も多いので小物の収納にも便利。
- ▶【大容量】14インチに対応したPCポケットはウレタン製で衝撃に強く、A4サイズのファイルも収納できる。

▶【自立式】底鋲がついていて地面に置いても自立するので、底面が傷つきにくい。

▶【サイズ】タテ：30cm×ヨコ：40cm×マチ：8cm、重量：800g、ポケットの数：5（外側1/内側4）

　商品仕様は、セラーセントラルから登録する場合は最大5行、1行ごとに全角で100文字までになっているので、あまり多くの情報を盛り込むことができません。正確に言えば、たくさんの情報を掲載することは可能ですが、箇条書きなのに改行が多くなってしまい読みづらい説明文になってしまいます。

　お客様は商品ページを訪れて、ほんの数秒（もしくは1秒以下）でその商品が自分に必要なものか否かを判断します。情報が少なすぎるのは論外ですが、**情報過多でもお客様は見る気をなくして商品ページを去ってしまいますので気を付けましょう。**

➡ 登録するときのポイント ▶▶▶▶▶▶

　商品仕様は、商品登録ページの「説明」タブで入力します。「商品の仕様」と記載されている項目に入力するのですが、段落を増やしたい場合は「さらに登録」をクリックすると入力フォームが増え、最大5行まで登録できます。デフォルトの状態では「説明」タブが表示されていないので、ページ右上の「詳細表示」をクリックして表示させる必要があります。登録できる最大文字数は、1行ごとに全角で100文字までとなります。

◇「商品の仕様」の入力欄

| ❶ 重要情報 | バリエーション | ❶ 出品情報 | コンプライアンス情報 | 画像 | 説明 | キーワード | 詳細 |

詳細表示 ⬤

ベビー&マタニティ > ベビー服 > セーター

ⓘ 複数の出品者が商品詳細ページを介して同一の商品を販売する場合、購入者がお買い物を楽しめるように、Amazonは最適な商品情報を組み合わせて表示します。

商品説明文 ⑦

商品の仕様 ⑦
さらに登録

最大5行、それぞれ全角100字以内で入力する

24 未登録商品の出品⑥ 商品説明の書きかた

➡ 商品の魅力を長文で伝えられる

　商品説明にも、商品仕様と同じ理由で商品名（商品属性名）を入れるようにしましょう。こちらもわかりにくい文章になってはいけませんが、改行ができるので多少長文になったとしても、商品仕様ほど読みづらくなることはありません。**商品の魅力やお客様に伝えなければならないことを、余すことなく記載するようにしましょう。**

　ただし、こちらの**商品説明はＡ＋を登録することで消滅します**。ですので、Ａ＋を掲載する場合は特に、商品説明だけに掲載する情報がないようにしましょう。商品仕様やＡ＋と内容が重複することは問題ありません。

　また、これは確かな情報ではありませんが、登録された商品説明はＡ＋を登録することで非表示となったとしても、Amazonのキーワード検索に対して効果を発揮している可能性があります。ですので、Ａ＋を登録するからといっておざなりにせず、商品説明もしっかりと登録することをおすすめします。

➡ 登録するときのポイント

　商品説明は、商品仕様と同様に商品登録ページの「説明」タブで入力します。文章を改行したい場合は、フォーム内で普通に改行すれば、それがそのまま商品ページに反映されます。登録できる最大文字数は全角で666文字までです。

◇「商品説明文」の入力欄

重要情報　バリエーション　出品情報　コンプライアンス情報　画像　**説明**　キーワード　詳細

詳細表示

ベビー＆マタニティ ＞ ベビー服 ＞ セーター

ⓘ 複数の出品者が商品詳細ページを介して同一の商品を販売する場合、購入者がお買い物を楽しめるように、Amazonは最適な商品情報を組み合わせて表示します。

商品説明文 ⓘ

　→ 全角666字以内で入力する

商品の仕様 ⓘ

さらに登録

25 未登録商品の出品⑦ 商品画像のつくりかた

➡ もっとも重要な商品情報の1つ

　Amazonに商品を出品する上で、もっとも重要な情報の1つが商品画像です。商品画像がなければ、その商品がどのような形や色をしているのかわかりませんし、商品名から想像しにくい商品であれば、どのような商品なのかもわかりません。また、商品画像が登録されていなければAmazonの検索結果にも表示されず（一部カテゴリーを除く）、販売していないのと変わらなくなってしまいます。ですので、まずは**メイン画像だけでもよいので商品画像を登録するようにしましょう**。

　商品画像には、検索結果ページなどのサムネイル画像としても使用される**メイン画像**と、それ以外に複数枚登録できる**サブ画像**があります。

◇商品ページのメイン画像とサブ画像

メイン画像のルール

　メイン画像は**商品単体で白抜き画像**にする必要があります。白抜き画像とは、Photoshopなどの画像処理ソフトで画像の切り抜きを行い、白背景部が純白（RGB値がすべて255）になっているものを指します。このあたりは専門的な内容になりますので、もし理解が難しい場合は撮影業者に依頼することをおすすめします。「画像　白抜き　業者」などで検索すれば、1枚50円程度で依頼できる業者が見つけられます。

🛒 **POINT** 背景有りが認められる例外も 🔍

　先ほど紹介したOWARIの生本ズワイガニは商品単体の画像ではありませんが、食品カテゴリーに関しては背景有りのメイン画像が一部認められている場合があります。背景が入るとその分、見栄えのする画像を作りやすいので、背景を使えるのであれば背景を付けた画像にすることをおすすめします。ただし、今後、このような特例が認められなくなる可能性もありますので注意してください。

サブ画像のルール

　サブ画像は背景有りにしたり、文字などを入れ込んだりしても問題ありません。**商品の横面や裏面など、さまざまな角度から撮影したものや、実際に使用しているシーンなど、その商品がどのようなものか具体的に伝わる画像を用意しましょう。**最近、Amazonで商品を購入されるかたの多くはスマートフォン経由となっており、その中でも商品画像だけを見て商品を購入するかたが増えてきているようです。理由は、商品サブ画像だけ見てもどのような商品なのか理解できるほど作り込まれた画像を用意する出品者（またはベンダー）が多くなってきているためです。

　そのため、商品画像の重要度はますます上がってきており、いかに商品の魅力を伝えられる画像を作れるかが売上向上の鍵を握っています。

➡ 商品画像登録のポイント

画像の大きさ

　メイン画像、サブ画像ともに**1600px以上**の画像を用意するようにしましょう。サイズの大きい画像を登録すれば、パソコンでもスマートフォンでも、お客様は商品画像をズームして確認できるようになります（ズーム機能は自動的に付きます）。逆にサイズの小さな画像では、商品がぼやけてしまい、どのような商品かわかりにくく印象が悪くなります。

画像の枚数

　メイン画像、サブ画像の合計で最大9枚まで登録できますが、商品ページ上に表示されるのは7枚までで、8枚目以降の商品画像を見るには、商品画像をクリックして商品画像表示用のページを開く必要があります。また、この仕様はPC版の商品ページのみで、スマートフォンの場合は8枚目以降の商品画像を閲覧することすらできません。そのため、基本的には7枚に収まるように画像を用意するとよいでしょう。特に、**重要な情報は7枚目までに登録しておく**必要があります。

➡ 商品画像を用意するには？

　自分で撮影する場合は、スマートフォンや画素数の低いデジカメよりも、やはり一眼レフカメラで撮影したほうが魅力的な画像を撮影できます。もし一眼レフカメラがなかったり、操作に自信がなかったりする場合は、やはり撮影業者に依頼するのが無難です。

　撮影業者に依頼する場合はGoogleなどで「EC　物撮り」などで検索してみてください。1枚200円程度からの格安料金で撮影してくれる業者もいますので、まずは少量で依頼してみて自社に合った業者を探してみましょう。

26 未登録商品の出品⑧ 価格の決めかた

➡ 登録できる「価格」は3つある ▶▶▶▶▶▶

　Amazonで商品登録する上で必ず設定する項目の1つに販売価格があります。販売価格は出品者が自由に設定できるので、その商品にふさわしい販売価格を設定するようにしましょう。

　価格に関する項目は、商品登録ページの「出品情報」タブにて「販売価格」「セール価格」「メーカー希望価格」の3つ項目があります。新規商品登録の場合、「販売価格」はデフォルトで表示されていますが、「セール価格」と「メーカー希望価格」は表示されていません。必要な場合は「詳細表示」をクリックして表示しましょう。

◆価格に関する入力欄

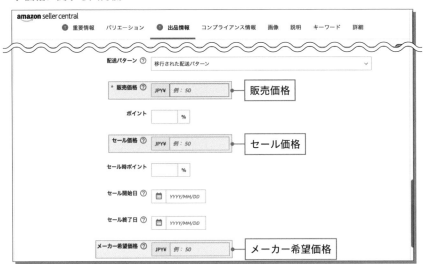

販売価格

　販売価格は実際にAmazonの商品ページに表示される税込の販売価格になります。この販売価格は、競合する出品者がいるかいないかで重要性が大きく変わります。

　競合の出品者がいない自社オリジナル商品などの場合は、実際にこれまで販売していた価格を設定すれば問題ありません。ただし、同一商品を販売する競合出品者がいる場合は事情が異なりますので、P.98を参照していただいた上で価格を設定してください。

セール価格

　セール価格は、「セール開始日」と「セール終了日」の日付と合わせて設定することで、期間限定のセール価格を設定することができます。

　Amazonの商品ページや検索結果ページで、「タイムセール」や「クーポンあり」のアイコンをご覧になったかたも多いと思いますが、このセール価格で設定する値引きについては、そのような**目立つアイコンは表示されず、ただ販売価格が下がるだけなので、あまり使うのはおすすめしません。**

　アイコンが表示される値引きプロモーションは、「広告」メニューにあるいくつかのメニューから設定することが可能です。詳細はP.152で説明します。

メーカー希望価格

　昨今の二重価格問題にAmazonも敏感になっているため、最近はこのメーカー希望価格を登録しても、商品ページに表示されないケースが多いようです。本来の使いかたとしてはメーカー希望価格を登録しておけば、商品の販売価格を変更した際にメーカー希望価格に二重の訂正線が入り、○○％OFFの表記とあわせて実際の販売価格が表示されるようになるというものです。しかし、これを逆手に取ってメーカー希望価格を高く設定して販売価格を低くすることで大幅に値下げされていることを装い、購入を煽るような行為が一部で横行したために表示が制限されているようです。

27 大量の商品を一括で登録するには？

➡ テンプレートに商品情報を入力する ▶▶▶

　商品の一括登録は、テクニカルな内容も含まれているため上級編となります。まずは個別の商品登録で、Amazonで出品することに慣れてからのチャレンジをおすすめします。

手順❶　まずはセラーセントラルで「在庫」メニューの「アップロードによる一括商品登録」をクリックしてください。ページ上部のタブが「在庫ファイルをダウンロード」になっているのを確認し、そのままページを下にスクロールします。

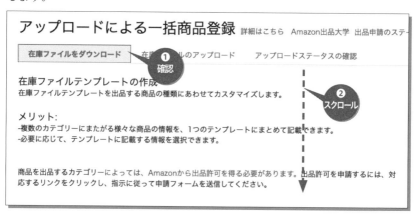

手順❷　「ステップ1：出品する商品の分類を選択する」の項目で、登録したい商品のカテゴリーを選択します。ここで気を付けなければいけないのは、この方法は**商品カテゴリーをまたいでの商品登録はできない**という点です。同一商品カテゴリーで複数の商品を一括登録したい場合に活用してください。異なる商品カテゴリーで登録したい場合はP.96を参照してください。

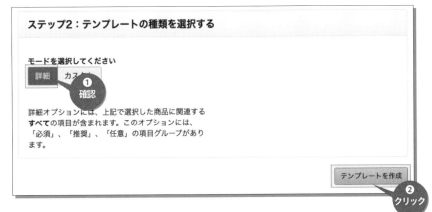

ステップ1：出品する商品の分類を選択する

商品を検索

商品タイプとは何ですか？ バリエーションウィザード

🔍 例：シューズ&バッグ、カメラ、バスケットボールなど。

検索 検索結果を消去

または

商品の分類を選択
ベビー&マタニティ ＞ベビー服

ビューティー	＞			スカート	選択
ファッション	＞	ベビー家具・収納	＞	セレモニー・着物	＞
ベビー&マタニティ	＞	ベビー布団・寝具	＞	セーター	選択
ペット用品	＞	ベビー服	＞	タンクトップ・キャミソール	選択
ホビー	＞	マタニティ	＞	トレーナー・パーカー	選択
ホーム&キッチン	＞	出産祝い・ギフト・メモリアル	＞	パジャマ	選択
ミュージック	＞	室内遊具	＞		

選択

手順❸ 「ステップ2：テンプレートの種類を選択する」で、「詳細」が選択されていることを確認し、「テンプレートを作成」をクリックします。「カスタム」は自分にとって必要な項目だけに絞り込んだテンプレートを作成することができますが、基本的にこの機能を使用することはありません。

ステップ2：テンプレートの種類を選択する

モードを選択してください

詳細 カスタム

❶ 確認

詳細オプションには、上記で選択した商品に関連する**すべての**項目が含まれます。このオプションには、「必須」、「推奨」、「任意」の項目グループがあります。

テンプレートを作成

❷ クリック

手順❹ 「テンプレートを作成」をクリックするとExcelファイルがダウンロードされるので、そのファイルを開き「テンプレート」という名前のシートを表示します。テンプレートシート内には入力項目が複数列にわたってあるので、

一度どのような入力項目があるか確認してみましょう。

　一番左の「商品タイプ」のセルをクリックするとプルダウンで商品タイプを選択する仕様になっており、商品タイプを選択すると赤枠になるセルが現れます。これらのセルは必須入力項目となるので、すべて入力するようにしましょう。

　ここで使用しているテンプレートの画像は、ベビー服のセーターカテゴリー用のテンプレートです。商品カテゴリーごとにテンプレートの入力項目は異なりますので、それぞれのカテゴリーごとに必要な情報を入力してください。ここではテンプレートに入力していく上で、すべての商品カテゴリーで必須となる項目について説明します。

	A	B	C	D	E	F	G	H	I	J	K	L
1	Template Version=20 Template: setting 上3行はAmazon.comのみで使用します。上3行は変更または削除しないでください。											
2	商品タイ	出品者SKU	ブランド	商品者	商品コード(JANコート	商品コードのタ	表地素材	推奨ブラウズノ	素材構成	素材構成	素材構成	素材構成
3	feed_prod	item_sku	brand_na	item_t	external_product_id	external_product	outer_m	recommended_b	material	material	material	material
4	sweater ▼											
5		①	②	③	④	⑤		⑥	••••••			
6												
7												
8												
9												
10												
11												
12												
13												
14												

①出品者SKU

　自社用の商品管理IDです。すでに商品ごとに固有の管理番号をお持ちであれば、そちらを使用してください。それがなければ管理しやすいIDを付けるようにしましょう。この出品者SKUは自社出品商品内で重複させることはできないので、Excelなどでまとめて管理することをおすすめします。

②ブランド

　すでにAmazonで登録したことのあるブランドがプルダウンで選択できます。任意のブランドを選択してください。はじめて登録するブランドの場合は、そのブランド名を入力します。

③商品名

　任意の商品名を入力します。

④商品コード

　JANコードなどの製品コードを入力します。製品コードが免除されているカテゴリーで、製品コードがない商品の場合は、この項目は入力しません。

⑤商品コードのタイプ

　プルダウン形式になっているので、JANコードの場合は「EAN」を選択します。それ以外の製品コードの場合はそれぞれのタイプを選択します。「商品コード」と同様に、製品コードが免除されているカテゴリーで製品コードがない商品の場合は、この項目は入力しません。

⑥推奨ブラウズノード

　プルダウン形式になっていますが、原則1つしか選択肢がないので、表示される項目を選択します。ブラウズノードとは、Amazonサイト内の商品カテゴリーIDのことです。

⑦在庫数

　販売可能な在庫数を半角数字で入力します。もし、まずは商品登録だけして、あとから在庫を登録したい場合や、商品登録後すぐにFBAにする場合は「0」を入力します。

⑧商品の販売価格

　任意の販売価格を税込価格で入力します。カンマなどは不要で、半角数字のみ使用可能です。

⑨商品メイン画像URL

　一括商品登録の場合、商品メイン画像が必要になりますが、そのためにはその画像がインターネット上にアップされている必要があります。すでに自社ECサイトなどに使用されている商品画像のURLを入力します。URLの取得方法は、対象の画像の上で右クリックし「画像アドレスをコピー」を選択すればURLがコピーできるので、それを入力項目に貼り付けます。ブラウザによっては右クリックで「画像アドレスをコピー」などの項目が表示されない場合があるのでGoogle Chromeの使用をおすすめします。

➡ テンプレートをアップロードする ▷▷▷ ▷▷▷

手順❶ 必要な情報をすべて入力したら、テンプレートファイルをセラーセントラルにアップします。「在庫ファイルのアップロード」タブを選択し、「ファイルを選択」からファイルをアップします。

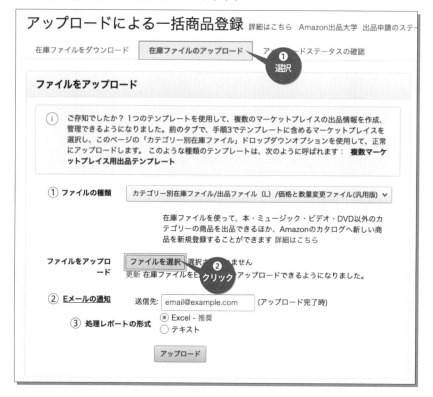

①ファイルの種類

ファイルの種類という項目がプルダウンの選択式になっていますが、デフォルトの「カテゴリー別在庫ファイル/出品ファイル（L）/価格と数量変更ファイル（汎用版）」のままにします。そのほかの選択肢は状況によっては使用することもありますが、基本的には使用しません。

②Eメールの通知

自分のメールアドレスを入力しておけば、アップが完了、またはエラーがあった場合にメールが送られてきます。

③処理レポートの形式

「Excel」を選択してください。エラーがあった場合にレポートをダウンロードできるので、そのファイル形式を指定できるのですが、Excelで見たほうがわかりやすいです。

手順② すべて完了したら「アップロード」をクリックします。

➡ アップロードステータスを確認する ▶ ▶ ▶

手順① テンプレートファイルをアップすると「アップロードステータスの確認」タブに移動します。ここではアップロードの進行状況を確認できます。アップしてからしばらくは「アップロードステータス　処理中」と表示され、商品登録件数にもよりますが、早ければ5分程度で「アップロードステータス　終了」となり、問題なければ「処理レポートのダウンロード」が表示されます。「処理レポートのダウンロード」だけが表示されていれば問題なく登録されているので、必要な場合はレポートをダウンロードして確認してください。

手順② 登録内容に不備がある場合は「不備のある出品を完成させる」などが表示されるので、それをクリックして必要な項目を登録するか、その方法が不可の場合は「処理レポートのダウンロード」からレポートをダウンロードしてエラーの箇所を確認してください。エラー内容を確認したら、正しい情報は元のテンプレートファイルに入力、または修正して再度アップします。

28 異なるカテゴリー商品を一括登録するには?

➡ 同一カテゴリーとは別のテンプレートで

　異なる商品カテゴリーの商品同士を一括で商品登録したい場合は、前述したものとは別のテンプレートを使用します。なお注意点として、この方法では**商品カテゴリーをまたいで登録できるものの、大分類の商品カテゴリー内に限ります**(エレクトロニクス、DIY・工具、ペット用品など)。大分類をまたいで商品登録することはできないので、多くのカテゴリーの商品を扱っている場合でも、それぞれの大分類でまとめて商品登録する必要があります。

手順❶ はじめにセラーセントラルで「在庫」メニューの「アップロードによる一括商品登録」をクリックしたら、ページ内最下部の「在庫ファイル」の右側にある矢印をクリックしてページを展開します。

手順❷ 展開したページの最上部にある「カテゴリー別在庫ファイル」をクリックしてください。

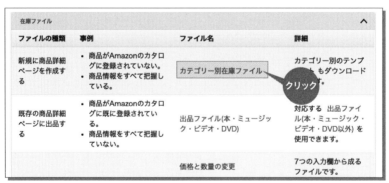

手順❸ すると、別のタブでページが開くので、そのページの下部にある「カテゴリー別在庫ファイルテンプレート」から必要な商品カテゴリーの「在庫ファイルテンプレート」をクリックしてください。

カテゴリー別在庫ファイルテンプレート(日本語)

カテゴリー	テンプレート名	出品ガイドライン (商品登録ルール)	ブラウズツリーガイド
エレクトロニクス	在庫ファイルテンプレート	エレクトロニクス	エレクトロニクス
カメラ	在庫ファイルテンプレート	カメラ	エレクトロニクス
ホーム、ホームアプライアンス	在庫ファイルテンプレート	ホーム ホームアプライアンス	ホーム&キッチン
PCソフト & TVゲーム	在庫ファイルテンプレート	輸入ビデオゲーム クリック	PCソフト TVゲーム
おもちゃ&ホビー、ベビー&マタニティ	在庫ファイルテンプレート	おもちゃ&ホビー	おもちゃ

手順4 「在庫ファイルテンプレート」をクリックすると「Flat.File.○○.jp」という名前のExcelファイルがダウンロードされるので、そのファイルを開き、「テンプレート」というシートを表示してください。あとは同一カテゴリー商品の一括登録と同じ流れになります。

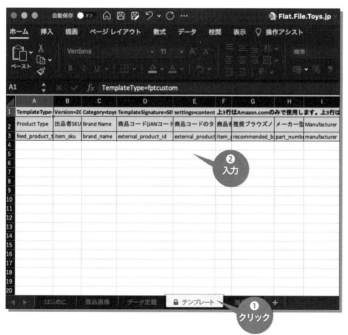

29 相乗り出品時に考えること

➡ カートを取れるか否かで勝負が決まる

　Amazonですでにほかの出品者が販売している商品を販売する場合は、**カートを取れる商品か否かが非常に重要なポイント**になります。カートを取るというのは、商品ページで優先販売権を得ることを言います。Amazonの商品ページ（PC版）の右上にカートボックスがありますが、その下に「出荷元　Amazon／販売元　xxxxx」という表記をご覧になったことがあるかたも多いと思います。

◇商品ページにあるカートボックス

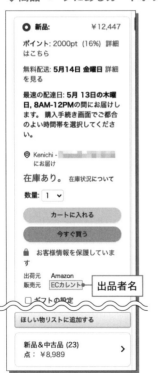

　これは、いまこの商品の「カートに入れる」をクリックすると「xxxxx」という出品者からの購入になりますよ、ということです。ちなみに「新品＆中古品（23）点：¥8,989より」という箇所をクリックするとほかの出品者からの出品を確認することもできますが、わざわざそのような方法で出品者同士を比較してから商品を購入するユーザーはほとんどいません。つまり、よりよい条件で商品を販売することができなければ、既存商品で売上を上げることはほとんど不可能といっても過言ではありません。

　このとき、カートを取るための主な条件となるのが、**販売価格、配送スピード（在庫の有無）、出品者の信用度**になります。

販売価格

　販売価格は仕入れ価格に依存するため、ほかの出品者より安く仕入れられるルートを持っていない限り、販売価格で勝つのは難しいでしょう。相乗り出品の場合は、自社の販売価格的優位性のある商品を出品することをおすすめします。

配送スピード

　競合がいる場合は配送スピードを極力短くしましょう。FBAを使うのであればAmazonの配送スピードと同じになるので、それ以上はありません。自社配送の場合は「設定」メニューの「配送設定」で設定した内容によって、日数が計算されます。特にFBAを活用できない超大型商品や冷凍・冷蔵食品などは、ここで設定する日数で配送スピードが変わってくるので要チェックです。

出品者の信用度

　出品者の信用度は、配送日数などの決められた約束事を守ることで下がることを防げますが、信用度を上げるにはお客様からのレビューで高評価を獲得することが必要です。ここで言うレビューとは商品に対しての評価ではなく、出品者に対する評価になります。出品者の評価もカスタマーレビューと同様に獲得するのが難しいのですが、P.176の施策が行えます。ぜひ活用してください。

➡ 既存の商品ページを編集できるのは誰？

　既存の商品を出品する際に気を付けるポイントがもう1つあります。それは**商品ページに掲載される商品情報は、信用度の高い出品者の情報が反映される**ということです。出品者の信用度は、基本的には獲得している評価の数が多く、評価も高い出品者ほど高くなります。ですので、せっかくたくさんの情報を準備して登録したとしても、信用度の高い別の出品者の情報が優先されてしまうので、それらが無駄になってしまうこともよくあります。また、Amazonが販売する商品にいたっては、どの出品者もそれに敵いません。

　ただし、この状況を打破できる条件が1つだけあります。それはブランド登録という機能を活用する方法です。ブランド登録を行うことで、そのブランドのオーナーとして商品情報の優先的な編集権を獲得することができます。これにはいくつかの条件がありますので、詳細はP.160を参照してください。

30 相乗り出品の方法

➡ 方法① 商品ページから出品する

　相乗り出品の方法は2つあります。一番簡単な方法はセラーセントラルにログインした状態で、商品ページのカートボックスの下あたりにある「マーケットプレイスに出品する」をクリックすることです。

◇商品ページで「マーケットプレイスに出品する」をクリック

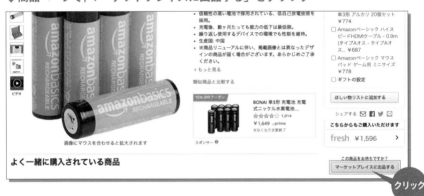

　すると「出品情報」というページに飛ぶので、そこで必要な情報を入力して「保存して終了」をクリックすれば完了です。「出品者SKU」も必須項目ではないので、自社専用の管理IDが必要なければ、こちらは未入力で登録できます。ただし、未入力で進めた場合はAmazonによって固有の出品者SKUを付加されてしまうので、定期的に出品したい場合は自身で入力し、管理したほうがよいでしょう。

◇「出品情報」ページで必要な情報を入力するだけ

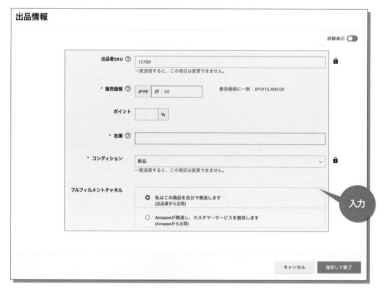

➡ 方法② 商品登録ページから出品する

もう1つの方法は「在庫」メニューの「商品登録」に進み、対象商品を商品名、JANコード、ASINなどで検索し、検索結果ページに対象の商品が表示されたらコンディションを選んで「この商品を出品する」をクリックします。次のページで、先ほどと同様に在庫や販売価格を入力して「保存して終了」をクリックすれば出品完了です。

◇商品登録ページで検索

COLUMN
不備のある出品を完成させる

　Amazonには情報として不備のある商品をリストアップしてくれる機能が
あり、どの項目の情報が足りないかわかりやすく示してくれるので簡単に修正
できます。膨大な数の商品を登録している場合は、どの商品の情報に不備があ
るかを探すだけでも一苦労ですが、この機能を使えば瞬時に解決できます。

◇不備のある情報が表示されている例

　セラーセントラルの「在庫」メニューから「在庫管理」→「出品商品情報の
改善」もしくは「不備のある出品を完成させる」へと進むと、商品情報の足り
ない商品が一覧で表示されます。「不備のある出品を完成させる」は一般的な
情報が足りない場合用で、「出品商品情報の改善」はもう少し商品カテゴリー
独自の情報が足りない場合にリストアップされるもののようです。

第 **4** 章

FBA納品と
自社発送の方法

31 FBA納品の流れ①
FBAの利用登録

➡ 初回のみ利用登録が必要

　FBAを利用するにあたり、はじめてFBAを利用する場合は「FBA利用登録」が必要となります。その後、**納品手続きを進めるには事前にセラーセントラルに商品が登録されている必要がある**のでご注意ください。FBA利用開始までの流れはこちらになります。

◇FBA利用開始までの流れ

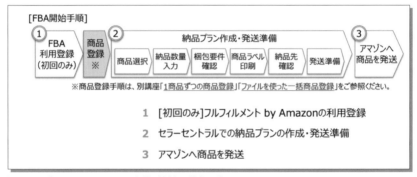

https://s3.amazonaws.com/JP_AM/su/36.pdf

手順❶　「FBA利用登録」を進めるには、Googleなどで「FBA　登録」で検索するか、「https://sell.amazon.co.jp/fulfill/fulfillment-by-amazon.html」にアクセスしてください。

手順② その後、「FBAに参加する」をクリックします。

手順③ 「フルフィルメント by Amazonの利用を開始する」というページに行くので利用規約などを確認し、問題がないようでしたら同意するにチェックを入れて「フルフィルメント by Amazonの利用を開始する」をクリックします。

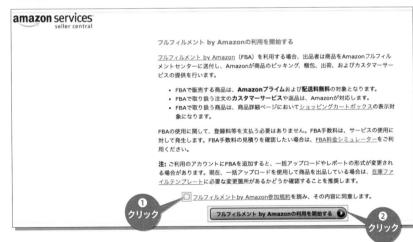

手順④ これでFBAの利用登録が完了しました。次のページでは、はじめてFBAを利用する人向けの情報が掲載されていますので、一通り確認しておきましょう。

手順⑤ このページで「納品準備を始める」をクリックすると、初回利用の流れでそのままFBAの納品を進めることができます。ただしこのページが表示されるのは一度きりなので、次のページからはセラーセントラルからFBAへ納品する方法を解説していきます。

🛒 POINT FBAで困ったときは？ 🔍

FBAに関する情報は、「Amazon出品大学」（P.208参照）のほか、「アマゾンFBA」というYouTubeチャンネルでも公開されていますので、そちらもぜひご参照ください。

https://www.youtube.com/channel/UCf9sD-IVDyZrMFirl04hOsQ

32 FBA納品の流れ②
商品の選択

➡ 納品したい商品を選ぶ

手順① はじめにセラーセントラルの「在庫」メニューから「在庫管理」をクリックして、登録されている商品リストを表示してください。

手順② 次に、在庫管理画面にて、FBAに納品したい商品にチェックを入れます。複数種類の商品を選択しても問題ありません。

手順③ 商品リストの左上にある「選択中の〇〇商品を一括変更」をクリックし、表示されたリストの中の「Amazonから出荷」を選択します。

手順❹ 次のページではFBAのバーコードに関するポリシーなどの説明が記載されています。細かくいろいろと書かれていますが、要するに**メーカーが使用しているバーコード（JANコードやUPCなど）があれば、そのバーコードを使用してFBAに納品できる場合がある**、という内容です。

FBAに納品するには、メーカーのバーコードをそのままFBA用の商品IDとして使用して納品する方法と、Amazonが発行するFBA納品用の商品IDを使用して納品する方法があります。これについては、FBA納品の手続きを進める際に、Amazonが発行するバーコードが必要な商品にはその案内が表示されますので、あまり気にせず進めていただいて問題ありません。

「続ける」をクリックします。

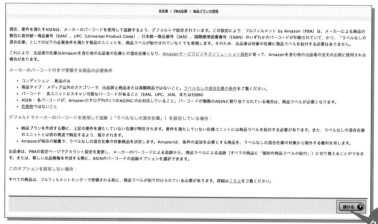

手順⑤ FBAに納品する商品の確認画面が表示されます。このとき、「バーコードのタイプ」が「Amazonの商品ラベル」になっている商品はバーコードの印刷と、商品への貼付が必要となります。「メーカーのバーコード」となっている商品は印刷も貼付も必要ありません。内容に間違いがないことを確認したら「納品手続きに進む」をクリックします。

「Amazonから出荷」に変換する

フルフィルメント by Amazonでは、Amazonのスキャナーではっきりと読み取ることができる、スキャン可能で正確な1つのバーコードが必要です。使用できるバーコードには、次の2つのタイプがあります。

- すでに商品に付いているメーカーのバーコード（UPC、EAN、JAN、ISBN）を使用する（対象ASINの場合）
- 出品用アカウントから商品ラベル（FNSKU）を印刷して自分で貼付する

詳細については、をご覧になるか、Amazon出品大学をご覧ください。

メーカーのバーコードを使用して追跡される在庫は、ネットワーク内で他の在庫と混合されますが、別の出品者の在庫とは物理的に異なる場所に保管されます。出品者在庫はAmazonの配送システムで追跡され、在庫の問題が発生した場合には出品者自身の在庫として計上されます。

1 SKUを表示

SKU	商品名		現在の取扱い先	バーコードのタイプ	
			出品者	メーカーのバーコード ▼	

① 確認
② クリック

手順⑥ 次のページで危険物に関する情報が求められます。「危険物情報を追加」をクリックし、別ウィンドウで開かれたページで内容を確認・選択して「送信」をクリックしてください。危険物に該当する商品の情報は、「危険物確認ガイド」のリンクから確認することができます。

Amazonから出荷

以下の表の危険物情報の追加をクリックして必要情報を入力してください

フルフィルメント by Amazonでは、新たにASINを作成する際、もしくは既存ASINをFBA化する際に追加情報の提出を必須としています。

情報提供を行うことはすべての商品に対して適用されますか？

はい。製品が適用される規制に従って安全かつ適切に取り扱えるようにするために、危険物であるかどうかにかかわらずすべての商品に対して情報提供いただく必要があります。「必要な情報」欄を確認の上、情報をご入力ください。なお危険物に該当する場合は、危険物の取り扱い許可をAmazonから受ける必要があります。申請の方法については、出品大学の「危険物におけるFBAのご利用について」をご確認ください。

どのような日用品が危険物とみなされますか？

色々な日用品の中に、危険物は存在しています。パーソナルケア用品（例：引火性液体の香水）、食料品（スプレータイプの油やクリーム）、家庭用品（浴室用のつまり取り）や電池を含む携帯電話が一例です。人に危害をもたらす、ナイフや釘切りなもの、重量物は危険物にあてはまりません。

一般的な危険物の詳細は、こちら。

SKU	商品名		コンディション	例外項目	必要な情報	
			新品		⊕ 危険物情報を追加	

① クリック
④ クリック
保存して次に進む

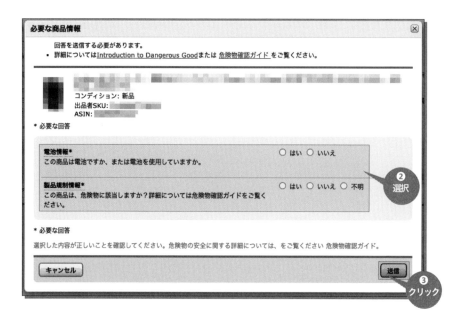

手順⑦　危険物に関する情報の確認が完了すると、「必要な情報」の項目に「完了」と表示されます。「保存して次に進む」をクリックしてください。

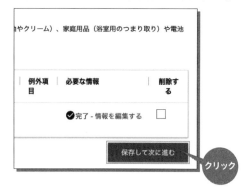

33 FBA納品の流れ③
納品プランの作成

➡ 発送元の住所を確認する

手順❶ FBA初回納品手続き時のみ、次のページで発送元の住所を登録する必要があります。「別の住所から発送」をクリックし、発送元情報の登録を進めます。

手順❷ 必要な情報をすべて入力し、「連絡先を追加」をクリックします。

手順❸　「選択」をクリックすれば登録完了です。

➡ 納品プランを作成する ➡ ➡ ➡ ➡ ➡ ➡ ➡

手順❶　「梱包の詳細」の項目は、基本的に「個別の商品」を選択します。次に、梱包とラベル（バーコード）に関する情報を登録するため、「必要な梱包準備とラベルの貼付の詳細」をクリックします。

手順❷　「各ユニットの梱包」にて、対象商品が該当する項目を選択します。選択できる項目は下記になります。

◇「各ユニットの梱包」で選択できる項目
▶アパレル、繊維、ビロード、織物の商品
▶ベビー＆マタニティ
▶液体、粒、粉を含む商品
▶液体（ガラス容器以外）
▶穴あきパッケージの商品

▶小型

▶破損しやすい商品/ガラス

▶梱包不要

　ここでは「小型」を選択していますが、その場合「誰が商品の梱包準備をしますか？」の項目で「出品者」または「Amazon（ユニットあたりの手数料￥25.00)」のどちらかを選択できます。**はじめのうちはデフォルトのFBA納品でどの程度の手数料が発生するのかを理解するためにも「出品者」を選択して進めることをおすすめします。**「Amazon（ユニットあたりの手数料￥25.00)」は、FBA出品に慣れてきて、手数料が発生してもAmazonに梱包を任せたいと判断した場合に使用するようにしましょう。

「商品のラベル貼付は誰が行いますか？」の欄は、「誰が商品の梱包準備をしますか？」で「出品者」を選択していると「出品者」以外選択できません。そのまま「保存」をクリックします。

POINT 毎回同じ梱包形式で納品する場合

　1つの商品を毎回同じサイズの箱で、同じ数量を納品する場合は、納品プランをテンプレートとして保存して使いまわすことができます。その場合は、手順①の「梱包の詳細」で「新しいメーカー梱包テンプレート」を選択してください。その後、「必要な梱包準備とラベルの貼付の詳細」をクリックするとテンプレートを作成できます。

FBA納品の流れ④
商品へのラベル貼り

➡ 商品に貼り付けるラベルを印刷する ▶ ▶ ▶ ▶

手順❶ ここまで来ると納品する商品数を入力できるようになります。「出荷する数量」の「商品数」に出荷すべき数量を入力しておいてください。その次は商品に貼付するバーコードを印刷するので「SKUラベルの印刷」をクリックします。なお、「バーコードのタイプ」で「メーカーのバーコード」を選択していた場合はラベルの印刷作業は必要ありません。

手順❷ 「SKUラベルの印刷」ページが表示されます。**バーコードを印刷する際はラベルシールを使用すると便利です**。「SKUラベルの印刷フォーマット」にリストされている項目を見るとわかる通り、さまざまなフォーマットに合わせて印刷できるようになっています。ラベルシールを持っていない場合は、Amazonで「FBA　ラベルシール」で検索してエーワンやエレコムのFBA用ラベルシールを購入して使用してください。それらのラベルシールであれば、「SKUラベルの印刷フォーマット」にリストされている項目から対応するサイズを見つけられるはずです。

「ラベルを印刷」には発送する商品数を入力し、「印刷」をクリックします。

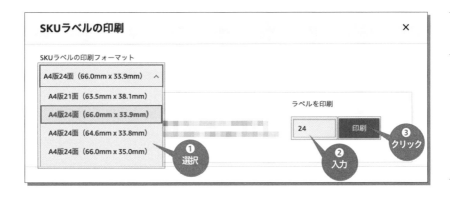

手順❸ すると、ラベルシール用のPDFがダウンロードされるので、それを開いてプリンターにラベルシールをセットして印刷してください。

手順❹ バーコードを印刷して商品に貼り付けたら「梱包準備完了」をクリックします。すると「個別の商品の梱包」というボタンが表示されるので、そちらをクリックします。

手順1 – 発送する在庫を選択			出品者からの評価は重要です 😊😐😞 ｜ お困りですか？
FBAのSKUすべて **事前に選択されたSKU (1)** ① 発送準備ができているSKU (1)			

発送元 ①
及川謙一、████████████, undefined、undefined、████████ ████
███ JP
別の住所から発送

宛先のマーケットプレイス ①
日本 ✔

SKUの詳細 表示設定	梱包の詳細 ①	情報/アクション	出荷する数量
██████████ SKU：██████████ ASIN：██████████	個別の商品 ✔	商品のラベル貼付：出品者 - SKUラベルの印刷 梱包準備が必要：ポリ袋 商品の梱包：出品者	✔ **梱包準備完了** (変更または削除) 商品数：24

‹ 1 ›

発送準備ができているSKU：1（24点）　　　　　梱包手数料とラベル貼付手数料の合計： ¥0.00

個別の商品の梱包
確認してください 発送準備ができてい█████

クリック

35 FBA納品の流れ⑤ 商品の梱包&発送

➡ 梱包情報と配送業者を設定する

手順❶ 次に表示される画面では、納品する商品の梱包状況を登録します。1箱ですべての商品を納品できる場合は「すべて1つの輸送箱に収まります」を選択して「確定」をクリック、複数の箱に分かれる場合は「複数の輸送箱が必要になります」をクリックします。

手順❷ 1箱で納品する場合は箱のサイズと重量を入力して「梱包情報を確認」をクリックします。

次の画面は複数の箱で納品する場合のものです。「輸送箱内の商品情報はどのように提供されますか?」についてはすでに商品情報は設定済みなので、「Excelファイル(.xls)をアップロード」と「Amazonが手動で輸送箱の中身を処理する」という項目のうち、「Amazonが手動で輸送箱の中身を処理する」を選択してください。

サイズと重量が同じ箱を複数個納品する場合は箱の情報を入力して「個数」にその個数を入力します。箱のサイズや重量がそれぞれ異なる場合は「別の設定を追加」をクリックして、異なる箱のサイズと重量を入力し、「マニュアル処理を確認」をクリックします。

手順③ 次に「確定して続ける」をクリックします。

手順④ 登録の処理が完了すると次の画面が表示されるので、出荷日を入力してください。また、「配送モード」は「個別配送（SPD）」のままにしてください。ちなみに「パレット輸送」は倉庫などで使われる約1m四方の台を使用した大規模な納入方式のことです。

「配送業者を選択する」の項目で配送業者を選択します。配送料は基本的に元払いとなります。執筆時点（2021年5月）ではキャンペーンが実施されているため、ヤマト運輸は「0円」と表示されています。

すべて問題ないことを確認したら「請求額を承認して出荷通知を送信」クリックします。

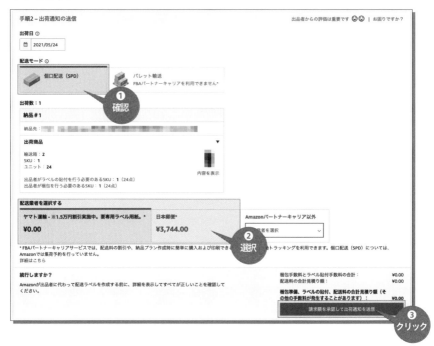

➡️ 輸送箱用のラベルと送り状を貼る

手順❶ 次に、輸送箱用のラベルを印刷して貼付します。これは複数の箱で輸送する際も、**1箱ごとに貼付する必要があります。**「A4版6面（99 x 105mm）」の印刷フォーマットを選択して「印刷」をクリックし、表示されたPDFファイルをラベルシールではなく通常のA4用紙で印刷して箱にノリやテープなどで貼り付けてください。

手順3 – 輸送箱ラベルを印刷

発送元： **及川謙一**, ████████████、 **undefined**、████ ██████ **JP**
出荷日： **2021年5月24日月曜日** 出荷日の変更

1：確認済みの出荷数

納品＃1

納品先： **FBA STA (2021/05/21 10:13)-TYO7** 名前変更
納品番号： **FBA15CQBP7FR**
Amazon参照ID（PO）： --
発送元： **及川謙一**, █████████████、 **undefined**、████ ███████, **JP**
納品先： ███████████████████████

出荷商品: 輸送箱：2, SKU：1, ユニット：24　　　　　　　　▶

A4版6面（99 x 105 mm）　　❶選択　　　　　∨　　　印刷　❷クリック

(手順②) この輸送箱用ラベルは、送り状ではなくAmazonの倉庫での荷受け用の情報が記載されているものなので、送り状は別途、「配送業者を選択する」で選択した配送業者の送り状に記入して箱に貼るようにします。送り状に記載する送付先情報は、輸送用ラベルに記載されている情報になります。

このラベルは隠れないようにしてください

FBA

納品元：
及川謙一
████████
████████
日本

納品先：
████████
████████

FBA STA (2021/05/21 10:13)-TYO7　　作成しました: 2021/05/21 07:12 JST (+09)

FBA15CQBP7FRU000001

混在したSKU

➡️ 送り状番号を登録する ➡️ ➡️ ➡️ ➡️ ➡️ ➡️

手順❶ すべて準備の整った箱を配送業者に引き渡したら、最後に送り状に記載されている送り状番号を登録します。まずは「すべて出荷済みとしてチェック」をクリックします。

手順❷ 「納品済みにする」と表示されたら「納品手続きの詳細を開く」をクリックします。

手順❸ 次に表示されたページにて、「お問い合わせ伝票番号を入力してください」をクリックします。

手順❹ 次のページで送り状番号を入力して「保存」をクリックすれば、すべての納品作業が完了です。

手順⑤　商品が納品されると、「在庫管理」画面の「在庫あり」の項目に納品した数量が表示されるようになります。あとは注文が入れば自動的にAmazonが発送してくれるので、**在庫数が少なくなったらまたFBAに納品する**ようにします。

🛒 POINT 「FBAは慣れれば簡単！」 🔍

　FBAの納品作業は、最初は手間取るかもしれませんが1回でも納品することができれば、その後はうまくいった際のデータを確認しながら進めることができるので2回目以降は比較的スムーズに納品することができます。

　まずは1つひとつの作業を丁寧に確認しながら進めていただき、分からないところが出てきたらAmazon出品大学を確認したり、カスタマーサポートに問い合わせたりしながら進めていきましょう。カスタマーサポートでは電話での応対もしてくれるので、行き詰まったら電話にてリアルタイムで確認してもらいながら進めるのもおすすめです。

自社発送の流れ①
注文の確認

➡ 出荷が必要な商品を確認する ▷ ▷ ▷ ▷ ▷

　自社発送の場合、**注文が入るとセラーセントラルに登録されているメールアドレスに通知が来る**ので、メールの確認漏れなどがないようにしましょう。もしメールだと確認が難しい場合は、iPhoneとAndroid用にアプリがあるので、そちらのプッシュ通知で確認するようにすれば確認漏れも防ぎやすくなります。iPhoneならApp Store、AndroidならGoogle Playなどで「Amazon Seller」で検索すればアプリをダウンロードできます。

手順①　注文確定メールやプッシュ通知を受け取ったら、セラーセントラルで注文を確認しましょう。確認する場所は、上部メニュー「注文」の「注文管理」です。注文管理画面では、すべての注文のリストが表示されます。まず自身で出荷しなければならない商品を確認するために、「出品者出荷の注文を表示」をクリックしてください。

手順②　次に、「注文の詳細」に記載されている17桁のIDをクリックして、注文の入った商品の情報や発送先情報などを確認します。

POINT スマホで注文確認もできる「Amazon Seller」アプリ

「Amazon Seller」アプリはセラーセントラルの
スマートフォンアプリです。商品登録、注文管理、
商品管理、返品管理、メッセージ管理、在庫管理、
FBA納品の管理など、通常のセラーセントラルに備
わっている機能を一通り利用できるので、外出先な
どで素早くセラーセントラルの作業をしたいときな
どは、非常に便利なアプリです。

◇プッシュ通知を有効にする

画面左上の「≡」アイコンをタップして、右上に表示される歯車アイコン
をタップすると設定画面が表示されます。ここの「プッシュ通知」をタップ
して必要な項目にチェックを入れればプッシュ通知が有効になります。なお、
このときスマートフォン自体の設定で「Amazon Seller」アプリのプッシ
ュ通知がオンになっている必要があります。例えばiPhoneの場合は
iPhoneの「設定」アプリから画面下部の所有アプリごとの設定画面の「通知」
にて設定を変更できます。

37 自社発送の流れ②
納品書の印刷

➡ 納品書を印刷して同梱する

　納品書の同梱は必須ではないので、商品のみを発送しても規約違反にはなりません。しかし、何らかのトラブルが発生した際にあると便利なものなので、なるべく同梱してあげるのが親切でしょう。

手順① 注文詳細画面が表示されたら、まずは「納品書の印刷」をクリックして納品書を表示します。

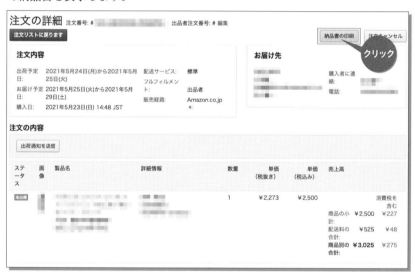

手順② 表示された納品書を印刷したら商品に同梱します。

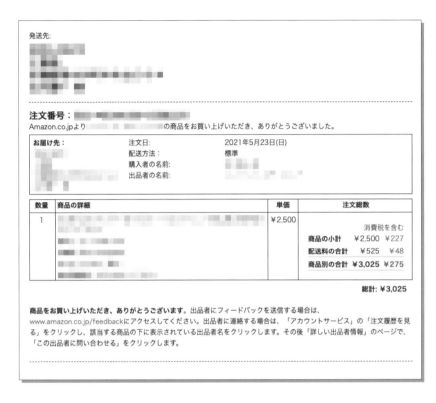

発送先:

注文番号:

Amazon.co.jpより　　　　　　　　の商品をお買い上げいただき、ありがとうございました。

お届け先:	注文日:	2021年5月23日(日)
	配送方法:	標準
	購入者の名前:	
	出品者の名前:	

数量	商品の詳細		単価	注文総数
1			¥2,500	消費税を含む
				商品の小計　¥2,500　¥227
				配送料の合計　¥525　¥48
				商品別の合計　¥3,025　¥275

総計：¥3,025

商品をお買い上げいただき、ありがとうございます。出品者にフィードバックを送信する場合は、www.amazon.co.jp/feedbackにアクセスしてください。出品者に連絡する場合は、「アカウントサービス」の「注文履歴を見る」をクリックし、該当する商品の下に表示されている出品者名をクリックします。その後「詳しい出品者情報」のページで、「この出品者に問い合わせる」をクリックします。

　納品書を商品に同梱しなかった場合で、お客様から納品書が欲しいと連絡があったら、PDFファイルで送付することも可能です。その場合は手順①の「納品書の印刷」から納品書を表示し、そのファイルをPDFで保存して送付するだけです。

POINT ギフト設定でギフト需要を取り込む🔍

　出品している商品に対してギフト設定をしている場合、納品書の金額はブランクになります。ギフト設定は、ギフト需要を取り込むことで売上アップに繋げられるのでぜひ設定したいものです。詳細はP.171で解説します。

38 自社発送の流れ③ 商品の梱包&発送

➡ 出荷作業日数を厳守して発送する ▷▷▷ ▷ ▷ ▷ ▷

手順① 納品書に記載されている商品情報を確認したら、発送用のダンボールなどに商品を梱包します。次に納品書の「発送先」または「お届け先」に記載されている発送先の情報を送り状に記載します。納品書はダンボールを閉じる前に箱に入れましょう。

手順② 送り状をダンボールなどに貼付して、配送業者に引き渡します。その際、注意が必要なのが**「出荷作業日数」**です。自社発送の場合、注文が入ってから出荷を完了させるまでの日数があらかじめ設定されており、デフォルトでは「2日以内に発送」となっています。

　セラーセントラルの「設定」から「配送設定」に進み、「一般設定」のタブをクリックすると次の画面が表示されます。

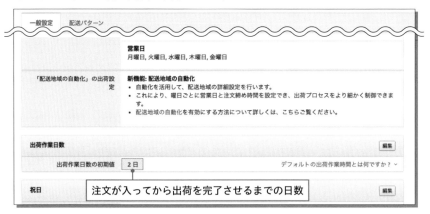

　このページに「出荷作業日数の初期値」に「2日」と表示されているのが、注文が入ってから出荷を完了させるまでの日数です。個別の商品編集ページでも設定でき、ここではその初期値を設定できます。「編集」というボタンがあるので出荷作業日数を増やせるように思いますが、選択肢は「1日」と「2日」

のみで、2日以上に増やすことはできません。

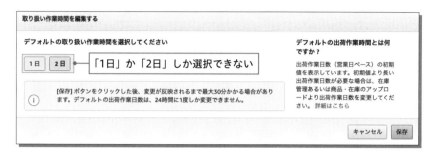

　その日数を過ぎてしまうと、お客様に迷惑がかかるのはもちろんですが、Amazonが「この出品者は出荷予定日を守らない」と認識するようになり、Amazonからの評価が下がってしまいます。Amazonからの評価が下がると最悪の場合アカウント停止になることもあるので、Amazonからの評価は非常に重要です。**評価を下げられないためにも、出荷予定日は必ず守るようにしましょう。**

手順❸ 最後に、「出荷通知を送信」をクリックして配送業者の情報を設定し、送り状番号を入力して「出荷通知を送信」をクリックすれば出荷作業は完了です。

「配送設定」の配送パターン

　セラーセントラルの「設定」から入れる「配送設定」の画面では、地域ごとに必要な「配送所要日数」や「配送料」といった商品の配送パターンを設定することができます。設定は「配送パターン」タブから行えます。

　これらの数値はデフォルトの状態でも設定されているので、必要がなければそのままで問題ありません。ただし、自社発送の場合でマケプレプライムを取得したいときなどは、地域ごとの発送から到着までの日数や配送料などをあらかじめ設定しておくとよいでしょう。

◇「配送設定パターン」タブの画面

移行された配送パターンを編集 ツアーを表示

① 既存の配送パターンに新しいデフォルトの配送所要日数を自動的に反映いたしました。本変更を承認する場合は、「保存」を、元に戻す場合は、「キャンセル」をクリックしてください。

| 配送パターン名 | 移行された配送パターン |

配送料設定：　⦿個数・重量制
詳細はこちら　　配送料は、商品1点ごとまたは重量ごとの料金に、配送1件あたりの定額料金を加算したものです。
　　　　　　　⦿購入金額制
　　　　　　　配送料は、注文の合計額によって決まります。

NEW 配送設定の自動化　☐ 選択した配送サービスと出荷元住所をもとに配送地域・配送所要日数を自動設定することで、お届け予定日がより正確になります。
詳細はこちら

プライム設定：　☐ ✓prime 配送
詳細はこちら

配送オプション、配送地域、および配送料
詳細はこちら

国内配送

☐ 通常配送

地域		配送所要日数 (出荷準備期間を除く)	金額帯			配送料 メディア配送料		アクション
北海道	編集	3 - 4 日間 ▾	¥ 0 から	¥ 7999		¥ 1800		削除
			¥ 8000 から	それ以	×	¥ 900		
秋田県、青森県、岩手県	編集	2 - 3 日間 ▾	¥ 0 から	¥ 7999		¥ 1300		削除
			¥ 8000 から	それ以	×	¥ 0		
愛媛県、香川県、高知県、徳島県	編集	2 - 3 日間 ▾	¥ 0 から	¥ 7999		¥ 1300		削除
			¥ 8000 から	それ以	×	¥ 0		
長野県、新潟県、福井県、石川県、富山県、千葉県、群馬県、茨城県、神奈川県、埼玉県、栃木県、東京都、山梨県、兵庫県、京都府、奈良県、大阪府、滋賀県、和歌山県	編集	1 - 2 日間 ▾	¥ 0 から	¥ 7999		¥ 1000		削除
			¥ 8000 から	それ以	×	¥ 0		
東日本離島、その他離島、北海道離島、沖縄離島、西日本離島	編集	3 - 4 日間 ▾	¥ 0 から	¥ 7999		¥ 2800		削除
			¥ 8000 から	それ以	×	¥ 1400		
福岡県、鹿児島県、熊本県、宮崎県、長崎県、大分県、佐賀県	編集	2 - 3 日間 ▾	¥ 0 から	¥ 7999		¥ 1300		削除
			¥ 8000 から	それ以	×	¥ 0		

第 **5** 章

売上拡大のための
必修テクニック

39 基本の「き」商品情報の見なおし

➡ 商品ページの拡充はあらゆる施策の基礎 ➡ ➡

　効率的に売上を増加させるには、お客様が購入の判断をするために、どのような情報やページを見ているかを理解する必要があります。これまでにも書きましたが、商品情報はお客様が購入判断をするための非常に重要な要素です。過剰な煽り文句などは逆効果ですが、客観的な商品の魅力をできる限り掲載するようにしましょう。そうすることで、キーワード検索に引っかかりやすくなり、検索結果ページで上位に表示されやすくなり、コンバージョン率も上がります。**しっかりとした商品情報を掲載することは、Amazonで売上を伸ばす上で欠かせないことと言えます。**

◇**商品名**
▶ブランド名は入っているか
▶ブランド名は先頭に配置されているか
▶重要なキーワードは入っているか
▶重要なキーワードはブランド名の次に配置されているか
▶スペック情報は入っているか
▶価格や送料に関する情報や、記号などの余計な情報は入っていないか
▶半角カタカナや機種依存文字は入っていないか

◇**商品画像**
▶メイン画像は白抜きになっているか
▶1,600px以上のサイズか
▶画像はぼやけていないか
▶サブ画像に利用シーンなどの画像はあるか
▶少なくとも3枚以上の画像が登録されているか

◇キーワード

▶重要なキーワードは入っているか

▶単語の間は半角スペースで区切られているか

▶スペック情報は入っているか

▶全角125文字（ファッションカテゴリーは全角62文字）以内に収まっているか

◇商品仕様

▶重要なキーワードは入っているか

▶わかりやすい説明文になっているか

▶スペック情報は入っているか

▶価格や送料に関する情報や、記号などの余計な情報は入っていないか

▶半角カタカナや機種依存文字は入っていないか

◇商品説明

▶重要なキーワードは入っているか

▶わかりやすい説明文になっているか

▶商品の魅力を的確に伝えられているか

▶スペック情報は入っているか

▶価格や送料に関する情報や、記号などの余計な情報は入っていないか

▶半角カタカナや機種依存文字は入っていないか

　商品情報の充実化は、地味ですが時間がかかり、思っている以上に大変な作業です。商品数が少ない場合は1つひとつ管理画面から登録してもよいですが、たくさんの商品を扱っている場合は積極的に商品登録テンプレートを活用しましょう。進めかたはP.90と同様ですが、対象商品の「出品者SKU」と編集したい項目のみを入力し、最後に**「アップデート・削除」の項目で必ず「Partial Update」を選択するようにします**。「Partial Update」は入力した箇所だけを上書きする設定なので、もしここを空欄もしくは「Update」にした状態でアップしてしまうと、すべての空欄の箇所がそのまま上書きされてしまい、**最悪の場合、商品情報のほとんどが消えてしまう**ので注意しましょう。

40 A＋（エープラス）で商品ページを拡充

➡ 画像とテキストで商品の魅力を伝える

　A＋は**画像とテキストを組み合わせて作成する、商品の魅力をよりわかりやすく伝えるためのコンテンツ**です。商品ページの中央あたりに表示され、いまやAmazonで売れている商品のほとんどに掲載されているコンテンツなので見たことのある人も多いでしょう。

◇ 商品の魅力を伝える「A＋」

https://www.amazon.co.jp/dp/B06XXR43P1

このA＋はレイアウトもある程度自由に決めることができるため、**どのような画像を用意して、そこにどのような説明文を組み合わせるか、しっかり考えた上で作成する必要があります**。最初は難しいかもしれませんが、すでに掲載されている他商品も参考にして1商品ずつ丁寧に作っていきましょう。

はじめての場合は、画像を用意するのに商品撮影も必要になるので少し高いハードルのように感じるかもしれません。もしどうしても自身での撮影が難しければ、最近は商品撮影料金もかなり割安になってきているので、「Amazon　商品画像撮影」などでGoogle検索して業者を探してみてください。その際、必ずやるべきことは**どのようなカットで撮影して欲しいかをしっかり伝える**ことです。

おまかせで撮影してくれる業者もありますが、自社の商品のことを一番理解しているのはやはりその商品を作ったり、取り扱ったりしているかたです。お客様の目線でどのような画像があったらわかりやすくなるか、商品の魅力がしっかり伝わる構図は何かを考えて撮影をするようにしましょう。

➡ A＋の登録方法 ⇨ ⇨ ⇨ ⇨ ⇨ ⇨ ⇨ ⇨

手順❶ 画像が揃ったら、実際にA＋を登録してみましょう。A＋を作成するには、上部メニュー「在庫」の「商品紹介コンテンツ管理」をクリックします。

手順❷ 次のページの右上に表示される「商品紹介コンテンツの作成を開始する」をクリックすると、このような画面になるので「ベーシックの作成」をクリックしてください。

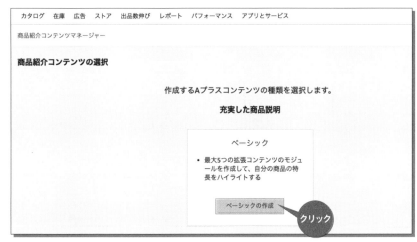

手順❸ 「コンテンツ名」に任意の名前を入力します。コンテンツ名は、あとで探しやすいように商品の型番などユニークな情報を登録しておくと便利です。次に「モジュールを追加」をクリックします。

手順❹ Ａ＋はあらかじめ用意されている**17種類のモジュールを組み合わせて作成**していきます。1つのＡ＋に使用できるモジュールは最大で5つです。また、同じモジュールを繰り返し使用することも可能ですが、商品を比較するために用いる「商品の比較表」の1つだけの使用は不可となります。

さまざまなモジュールがあるので、どれを使用すべきか迷ってしまいますが、無理にすべてのモジュールを使用する必要はないので、自分の型ができてきたらその型にはまるように作成していくと効率よく作成できます。

41 A+を魅力的につくるには？

➡ 「型」でつくるA+

　筆者がA+を作成する場合は、概ね次のような型で作成するようにしています。1つの参考にしてみてください。

1段目

　横長の画像があれば「標準的なイメージと明るい色のテキスト オーバーレイ」もしくは「標準的なイメージおよび暗いテキストのオーバーレイ」を使用します。

　スマホでは小さく表示されてしまいますが、PCであれば**横長の画像は視覚的に非常に目立ちます**。ですので1段目でこれらのモジュールを使い、商品のイメージを伝えられるように利用シーンなどの画像を配置します。

2段目～4段目

「標準的な単一の右の画像」「標準的な単一の左の画像」「標準的な3つの画像とテキスト」「標準的な4つの画像とテキスト」を、掲載したい情報量によって組み合わせます。

　例えば、商品の魅力を伝えるためのポイントが5つあるとします。その場合、2段目に「標準的な単一の右の画像」、3段目に「標準的な単一の左の画像」、4段目に「標準的な3つの画像とテキスト」を配置します。そうすることで、5つのポイントをバランスよく配置することができます。

　この4つのモジュールは構成がシンプルなため、見た目もきれいに見えやすく非常に使いやすいです。ほかにも凝った構成のモジュールがいくつかありますが、それらはうまくテキストや画像を当てはめないと、商品ページでの見た目がイマイチになってしまうことがあるため、使いこなすにはある程度コツをつかむ必要があります。ですが、先にあげた4つのモジュールだけで十分魅力的な見せかたができるので、無理に複雑なモジュールを使用する必要はないと思います。

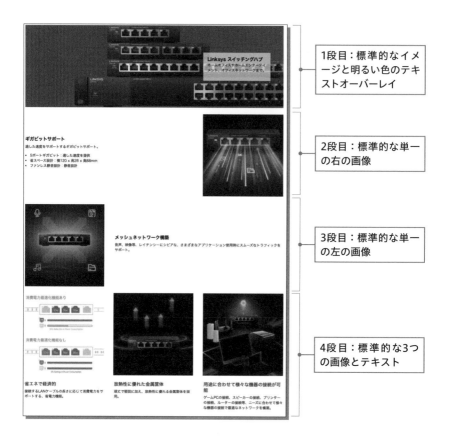

1段目：標準的なイメージと明るい色のテキストオーバーレイ

2段目：標準的な単一の右の画像

3段目：標準的な単一の左の画像

4段目：標準的な3つの画像とテキスト

5段目

　最後に配置するモジュールとしておすすめなのが「商品の比較表」です。自社で出品している商品内で、このＡ＋を掲載している商品と類似の商品を横並びで比較できるモジュールです。ユーザーは商品同士を視覚的に簡単に比較できるため、商品を購入するための判断をしやすくなります。

	WIZD09	WIZ001	WIZ002	PW0003	WIB002	WIZ008
ワイヤレス充電	✓	✓	✓	✓	✓	✓
MagSafe対応スマートフォン（iphone 12シリーズ）充電	✓					
ワイヤレス対応スマートフォン充電			✓	✓	✓	✓
Apple Watch充電		✓				
AirPods充電	✓	✓		✓		
最大出力電力	15W	7.5W	10W	10W	15W	15W

5段目：商品の比較表

　ちなみに、A＋は最大5つのモジュールを使用できると記載しましたが、必ず5つのスペースを埋めなければいけないわけではありません。掲載したい情報量がどうしても少なければ、例えば「標準的な単一の右の画像」と「商品の比較表」の2段で作成しても問題はないのです。もちろん情報量は大いに越したことはないので、できる限り5段すべて使用してA＋を作成することをおすすめしますが、このあたりは臨機応変に作成していくようにしましょう。

◇優れたA＋の例

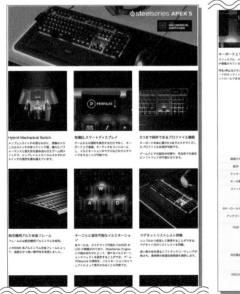

https://www.amazon.co.jp/dp/B085229JTW

42 バリエーション登録で ユーザーの利便性を上げる

➡ 色やサイズ違いを商品ページ内でリスト化 ➡

　色違いやサイズ違いの商品がある場合に、それらを商品ページ内で切り替えられる機能を付けることができます。これは**バリエーション**と呼ばれます。通常、バリエーションを設定しなければ色やサイズごとに商品ページが分かれてしまいますが、バリエーションを設定することで、**お客様に異なる色やサイズの選択肢をわかりやすく提示することができるので、コンバージョン率が向上しやすくなります**。同一ブランド、同一カテゴリーの商品で、カラーやサイズなどが複数あるものがあれば、バリエーションの設定を積極的に検討しましょう。

https://www.amazon.co.jp/dp/B08KY3RQ54

バリエーション

➡ 登録用のテンプレートを入手する

　バリエーションを設定する場合、新規で設定する場合と既存のバリエーションに追加する場合で異なります。まずは新規バリエーション設定の方法です。新規でバリエーションを設定する場合は、テンプレートファイルを使用するのがおすすめです。

手順❶　「在庫」メニューの「アップロードによる一括商品登録」クリックし、「在庫ファイルをダウンロード」タブをクリックします。

手順❷　「ステップ1：出品する商品の分類を選択する」からバリエーション設定したい商品のカテゴリーを選択します。ここではスーツケースを選択して解説を進めます。

手順❸　「ステップ2：テンプレートの種類を選択する」にて「モードを選択してください」が「詳細」になっていると思いますので、そのまま「詳細」が選択されていることを確認して「テンプレートを作成」をクリックします。

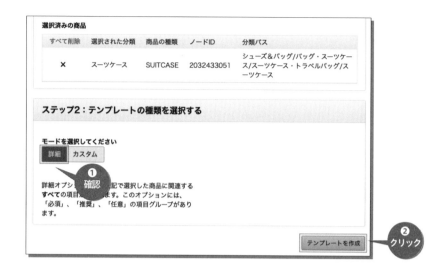

手順④ 「テンプレートを作成」をクリックするとExcelファイルがダウンロードされます。そのファイルを開き、「テンプレート」というシートをクリックします。

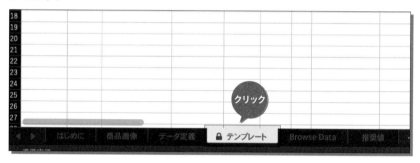

➡ テンプレートに必要な情報を入力する

　赤枠のセルは通常なら必須入力項目ですが、バリエーション設定の場合はその限りではありません。バリエーション設定で使用する項目は**14項目**です（商品カテゴリーによって多少異なる場合があります）。次に記載している項目のみ入力してください。ちなみに、最後にテンプレートをアップしたときに、内容が間違っていると「この項目が間違えています」というエラーが出ます。そちらを参考にして修正できるのであまり気負わずに進めてください。

　また、Amazonのバリエーションは「**親ASIN**」と「**子ASIN**」という概念

で構成されています。普通に商品登録した商品は、バリエーションを設定する際に「子」となり、その「子」のまとめ役として「親」を新たに（バリエーション設定と同時に）作成します。

以下のテンプレートファイルを例にすると、1段目が「親」で新たに作成するASINとなり、2段目と3段目は既存のASINで「子」になります。

手順① まずはバリエーションにする商品の情報を入力します。「親」と「子」それぞれで次の項目を入力してください。

	①	②	③	④	⑤	⑥	⑦	⑧
	A	B	C	D	E	F	G	H
1	TemplateType= Version=202; TemplateSignature=U1VJVE! settings=contentLangua 上3行はAmazon.comのみで使用します。上3行は変更または削除しないでください。							
2	Product Type	出品者SKU	商品コード(JANコード等)	商品コードのタイプ	メーカー型番	メーカー名	商品名	推奨されるブラウズノード	商
3	feed_product_t	item_sku	external_product_id	external_product_id_typ	part_number	manufacturer	item_name	recommended_browse_nodes	m
4	suitcase	OYA				Bluegoose	Bluegoose 商品 親	2032433051	
5	suitcase	BLUE	BLUEXXXX	ASIN	BLUE	Bluegoose	Bluegoose 商品 ブルー	2032433051	
6	suitcase	RED	REDXXXX	ASIN	RED	Bluegoose	Bluegoose 商品 レッド	2032433051	
7									

① Product Type

基本的に1つしか選択できない選択式になっています。もし複数の選択肢が出てきた場合は、バリエーション設定したい商品に近い選択肢を選択してください。

②出品者SKU

「子」には商品登録時に設定した（もしくは自動的に作成された）IDを入力します。バリエーション設定する際に「親」の出品者SKUが必須となるため、ここに任意のIDを入力します。ちなみに、バリエーションを多数設定していくと「親」の出品者SKUが重複してしまいがちなので、わかりやすいユニークなIDを入力するようにしましょう。

③商品コード（JANコード等）

「子」にはASINのIDを入力し、「親」はブランクにします。「親」のASINはバリエーション設定する際に自動的に作成されます。

④商品コードのタイプ

「子」はASINを選択し、「親」はブランクにしてください。

⑤メーカー型番

「子」には商品登録時に設定したものを入力し、「親」はブランクにしてください。

⑥メーカー名

「親」「子」ともにバリエーション設定する商品のメーカー名を入力してください。これは「子」を商品登録した際に入力した値と同じものにします。

⑦商品名

「子」には商品登録時に設定したものを入力し、「親」には任意の値を入力してください。親ASINは、在庫管理ページで子ASINのまとめ役として表示されるだけなので、あとで探しやすい商品名を付けておくと便利です。

⑧推奨されるブラウズノード

　選択式になっているので、「親」「子」ともに同じ値を選択してください。基本的には1つしか選択肢として表示されないはずです。

手順❷　ここまでが、このテンプレートファイルの前半で入力すべき項目です。ですが、これで完了ではありません。少し間をあけて、この画像の場合はW列からAA列までも入力する必要があります。この部分はテンプレートによって配置が異なり、必ずW列からAA列になるとは限りません。**どの商品カテゴリーでも1行目に「バリエーション」と記載されている**ので、それを目印にして下記の項目を入力してください。

		⑨	⑩	⑪	⑫	⑬	
		W	X	Y	Z	AA	
1		バリエーション				商品基本情報	
2	RL	親子関係のタイプ	Variation Theme Name	親商品のSKU(商品管理番号)	親子関係の指定	アップデート・削除	Br
3	url	relationship_type	variation_theme	parent_sku	parent_child	update_delete	bra
4		variation	Color		Parent	PartialUpdate	
5		variation	Color	OYA	Child	PartialUpdate	
6		variation	Color	OYA	Child	PartialUpdate	
7							

⑨親子関係のタイプ

「親」「子」ともに「variation」を選択してください。

⑩Variation Theme Name

　商品ページ上でバリエーション化したいテーマを選択します。ここでは「Color」を選択していますが、こちらも商品カテゴリーごとに変わるので、相応しいものを選択してください。

⑪**親商品のSKU（商品管理番号）**

「子」にはテンプレートの前半で入力した「親」の「出品者SKU」の値を入力し、「親」はブランクにします。

⑫**親子関係の指定**

選択式になっているので、「親」はParent、「子」はChildを指定します。

⑬**アップデート・削除**

選択式になっているので、すべて「PartialUpdate」を指定してください。ここで「Update」や「Delete」を選択してしまうと、商品情報が消えてしまうので細心の注意を払って選択してください。

POINT バリエーションテーマは1つがおすすめ 🔍

「Variation Theme Name」の設定では「Color / Size」など、2つ以上のテーマでバリエーションを組むことも可能ですが、そうすると商品ページ上での見えかたが複雑になり、お客様が商品を選びづらくなります。かえってコンバージョン率を下げてしまう可能性が高まるので、1つのテーマでバリエーションを組むことをおすすめします。

手順❸ 最後に、子ASINの固有の情報を指定します。ここで入力する情報は商品ページに表示される「項目名」になるものです。日本語表記にしても問題ありません。ちなみに、商品登録時にすでに「カラー」「サイズ」「スタイル」などの値が登録されていれば、この入力作業は必要ありません。

⑭

⑭カラー／サイズ／スタイル

　ここでは、カラーでバリエーションを組む設定をしたいので「Color」の項目に値を入力していますが、**組みたいバリエーションのテーマによって入力する項目とその値は変わります**。多くのバリエーションで使用されるテーマは「カラー」「サイズ」「スタイル」になるので、この3つの入力項目を覚えておけば問題ないはずです。ただし、それぞれの入力項目名は、商品カテゴリーごとに微妙に異なる場合があります。

➡ テンプレートをアップロードする ➡ ➡ ➡ ➡

手順①　テンプレートファイルの入力が完了したら、ファイルを保存してアップします。「在庫ファイルのアップロード」タブをクリックし、「ファイルの種類」は何も触らず「ファイルを選択」をクリックして作成したテンプレートファイルを選択し、「アップロード」をクリックすればアップ完了です。

　アップする際の商品数にもよりますが、完全にアップされるまでに多少時間がかかるので、アップされたことをすぐに確認したい場合は「Eメールの通知」に自分のメールアドレスを入力しておくと、アップ完了時に通知が届くので便利です。

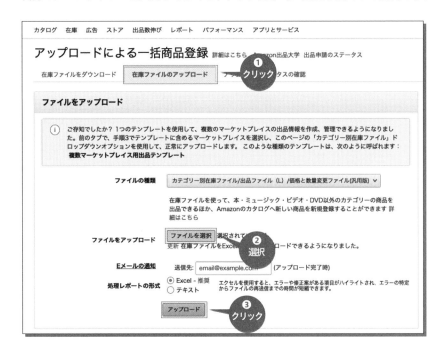

➡ 正常にアップロードされたか確認する ▶ ▶ ▶

手順❶ アップの状況は「アップロードのステータスの確認」で確認することができます。正常にアップされれば「処理レポートのダウンロード」と表示されるので、そちらをクリックして問題なく登録されていることが確認できれば完了です。

在庫ファイルをダウンロード	在庫ファイルのアップロード	**アップロードステータスの確認** ❶ クリック

ⓘ 過去 12 件の在庫ファイルのアップロードステータスを表示 処理しているレポートにエラーが表示された場合は、在庫ファイルを修正して再度アップロードします。詳細はこちら

アップロード日時	バッチID	アップロードステータス	アクション
May 12, 2021 10:51:54 PM JST	70255018759	アップロードステータス 終了 送信済みレコードの合計数: 0	処理レポートのダウンロード ❷ クリック
April 22, 2021	68278018759	アップロードステータス 終了	処理レポートのダウンロード

手順❷ 何らかのエラーがある場合は、「不備のある出品を完成させる／処理レポートのダウンロード」と表示されます。「処理レポートのダウンロード」をクリックすると、テンプレートファイルと同じようなファイルがダウンロードされます。**「テンプレート」のシートを開くとエラーの原因となっているセルが黄色でハイライトされている**ので、足りない情報があれば入力を、間違った情報が入力されていれば修正します。なお、ここで修正すべきは、この処理レポートのファイルではなく、最初にアップしたテンプレートファイルになるのでご注意ください。修正したら再度ファイルをアップロードします。

| April 22, 2021 11:07:05 AM JST | 68276018739 | アップロードステータス 終了 送信済みレコードの合計数: 23 さらにアクションが必要な記録は、下書きとして保存されます | 不備のある出品を完成させる ⓘベータ版 処理レポートのダウンロード クリック |

43 バリエーションをあとから増やすには?

➡ 追加分がすでに商品登録されている場合

すでにバリエーションが組まれている商品のバリエーションをさらに増やす場合には、2つの設定方法があります。

1つは、P.138の新規バリエーション設定と同様にテンプレートファイルを使用してアップする方法です。**バリエーションに追加したい商品がすでに商品登録されている場合は、先述の方法を用いて設定してください。**

次の項目で説明している通り、在庫管理の画面から直接バリエーションを追加できる方法もありますが、この方法で設定すると商品を新しく登録することになってしまい、登録済みの商品で実施してしまうと商品情報が空の状態で上書きされてしまうので、商品説明やキーワードなどの情報が消えてしまいます。

➡ 追加分が商品登録されていない場合

バリエーションに追加したい商品がまだ商品登録されていない場合はこちらの方法を行います。在庫管理に表示されている商品リストから、バリエーションを追加したい対象の**親ASINに対して管理画面上で追加する方法**です。

手順① まず、対象となる親ASINの右側に表示されている「詳細の編集」をクリックします。

手順❷ 次のページで「バリエーション」のタブをクリックします。

手順❸ バリエーションタブのページでは、親ASINに設定されているバリエーションのテーマに沿った入力項目が表示されるので、追加したい商品の情報を入力して「バリエーションを登録」をクリックします。

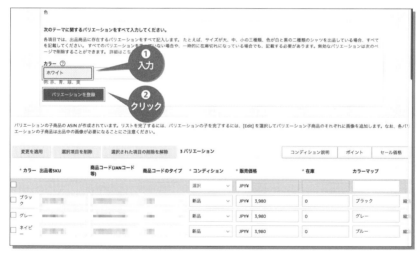

手順❹ すると、追加バリエーションの入力項目が表示されるので、必要な情報を入力して、最後に「変更を適用」をクリックすれば子ASINが追加されます。

手順❺ この方法で追加された子ASINは、バリエーション追加時に入力した必要最低限の情報しか登録されていないので、設定後15分くらい経過したら追加した商品のJANコードか出品者SKUなどで在庫管理のページで検索して、商品画像、キーワード、商品説明などの商品情報を追加するようにしてください。

POINT　商品に最適なバリエーションを　🔍

先述の通り、バリエーションはカラーやサイズなどで作成するのが一般的です。しかし、「エントリーモデル」「スタンダードモデル」などのように価格帯やスペックの高低で作成することもできるので、自社の商品ラインナップに応じて最適なバリエーションを検討しましょう。

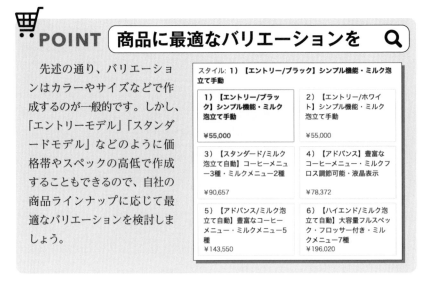

44 ユーザーからの質問に回答する

➡ 質問と回答は商品ページ上に公開される ▷ ▷

　商品ページの中ほどにはQ&Aコーナーが表示されており、お客様は気になる商品について質問を投げかけることができます。この質問へ回答できるのは過去にその商品を購入したことがある人や出品者などで、質問が投稿されるとAmazonに登録しているメールアドレスにメールが送られてくるので、そのメールのリンクをクリックして回答します。自社商品へ質問があればお客様との関係性向上にもつながるので、ほかの購入者の回答を待つのではなく、**なるべく出品者自身が回答したほうがよいでしょう**。

◇ カスタマーQ&Aの回答画面

Windows10を使用しています。この商品を経由してeGPUを接続することは出来ますか？

動画による回答を追加する
買い物客は、文字情報のみよりもビデオのほうが参考になると考えています。

書面による回答を追加する
ここに回答を入力してください…

ⅰ 書面による回答またはビデオが必要です。

回答

回答できませんか？ 理由をお聞かせください。

Belkin ドッキングステーション ハブ USB-C Thunderbolt3 Macbook Pro 2020 / Air iPad Pro / M1 iPad Pro / M1 iMac…

　この質問と回答は商品ページ上に公開されるものなので、ほかのお客様にとっても有益な情報となります。そして、質問を投稿されるということは、商品情報にわかりにくい部分があるということでもあるため、もらった質問に関する情報は、商品画像や商品説明などに追加してよりわかりやすい商品ページに改善するようにしましょう。

45 Amazon Vineによる カスタマーレビューの獲得

➡ 獲得しにくいカスタマーレビューを集める ➡

　カスタマーレビューは、お客様に能動的に書いてもらわなければならず獲得しにくいものです。**Amazon Vineはそのカスタマーレビューを公式に獲得できるサービスで、「信頼度の高いお客様」に無料で商品を提供することで、レビューを投稿してもらうことができます。**「信頼度の高いお客様」というのは信頼度の高いレビューを投稿しているお客様のことで、Amazonでは彼らに対して「Amazon Vineレビュアー」への招待を送ります。そのお客様が承認するとAmazon Vineレビュアーになるのですが、そのメンバーだけに公開されるVine依頼商品リストがあり、その中から好きな商品を選んでAmazon Vineレビュアーがレビューを投稿するしくみになっています。

◇Amazon Vineのレビュー例

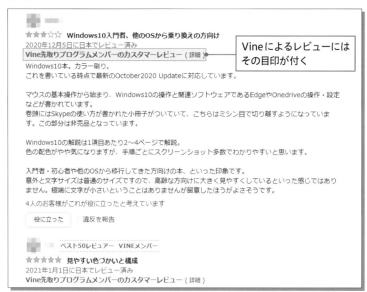

https://www.amazon.co.jp/dp/429711738X

➡ Amazon Vineを利用するには？

　Vineはセラーセントラルの「広告」メニューにある「Amazon Vine」から利用することができます。ただし、出品者側にもVineへの参加条件があります。

◇Vine参加条件

▶Amazonブランド登録での表示が許可されているブランドであること。

▶商品詳細ページのレビュー数が30件未満である。

▶購入可能なFBA出品商品のコンディションが「新品」である。

▶FBA在庫がある

（引用：https://sellercentral.amazon.co.jp/gp/help/external/92T8UV339NZ98TN）

　Vineは非常に効果的で、Amazonで売上を上げるために必須のサービスといっても過言ではありません。しかし、参加条件に書いてある通り、Vineを活用するためにはブランド登録されている商品である必要があります。

　ブランド登録には商標登録が必要で、商標の取得には半年ほどの期間がかかってしまいます。ですので、自社のブランドをお持ちでしたら早い段階で商標を取得して、Amazonのブランド登録をすることを強くおすすめします。

　また、2021年5月現在、Vineの利用手数料は無料となっていますが、**ベンダーの場合は有料のサービスとなっているので、近い将来無料ではなくなる可能性が非常に高いです**。Amazon Vineレビュアーから商品を選ばれると、そのメンバーに対し無料で商品を発送する必要があるため、あまり高額の商品で利用するのは難しいかもしれませんが、利用料が無料のうちにぜひ活用したいサービスです。

46 値引きプロモーションで訴求力を高める

➡ プロモーションの種類と期待度 ▶▶▶▶

　Amazonにはいくつかの値引きプロモーションメニューが用意されています。効果や期待度の大きさに応じて★を付けてみました。ここではそれぞれのプロモーションの特徴を説明します。

◇プロモーションごとの期待度
▶タイムセール　★★★★★
▶クーポン　★★★
▶Amazonプライム会員限定割引　★★
▶プロモーション　★★
▶ポイント　★★
▶Amazonビジネス会員向け数量割引　★
▶商品編集ページから設定するセール　★

タイムセール

　タイムセールへ参加するには、「販売履歴があり、Amazonで星の数を3つ以上獲得していること」「すべての地域でAmazonプライム対象であること」など、いくつかの条件があります（https://sellercentral.amazon.co.jp/gp/help/external/G202111490）。このうち特に「販売履歴があり、Amazonで星の数を3つ以上獲得していること」という条件は、タイムセールに期待するお客様のためにも、クオリティの低い商品を対象にはしたくない、というAmazonの思惑が見て取れます。つまり、Amazonとしてもそれだけ重要視しているサービスなので、出品者としてもぜひ活用したいサービスです。

　このタイムセールの優れているポイントは、**商品ページ、検索結果ページなどでアイコンが表示されるほか、商品カテゴリーごとのトップページや、タイムセールページにも表示されること**です。そのため商品ページの閲覧数が向上しやすくなり、しかも値段が下がっているのを一目瞭然に確認できるのでお客

様の関心を強くひきます。**商品ページへの誘導が強化されると同時に、販売価格が下がっているという2つの大きな効果により、販売数を大幅に増加させるチャンスを得ることができるのです。**

　ただし、タイムセールの参加には、1商品、1回参加ごとに4000円程度の手数料が必要となるため、それに見合った金額の商品を選定する必要があります。

◇ タイムセールページにも表示され、露出がアップする

クーポン

　クーポンは、**対象商品の商品ページと検索結果ページにアイコンが表示されます。** ダイレクトな価格訴求に近いので、**お客様の目を引きやすく、コンバージョン率の向上に寄与します。**

　クーポンもクーポン対象商品をすべて掲載したページがあるのですが、トップページにリンクがあるタイムセールページとは違って目立った場所にリンクがないため、クーポンページの閲覧数はタイムセールページには及びません。

また販売価格そのものがディスカウントされているわけではないので、タイムセールに比べると若干訴求力が下がります。それでも**クーポンのない商品よりは圧倒的に購入されやすくなるため、ぜひ実施したいサービスの1つです**。

クーポン利用にも「大口出品者アカウントであること」「出品者の評価がAmazonが別途定める基準を維持していること」など、いくつかの条件がありますが、タイムセールよりはハードルが下がるため活用しやすくなっています（https://sellercentral.amazon.co.jp/gp/help/external/JHCPEFJ5JJQD52D）。

◇検索結果ページの表示例

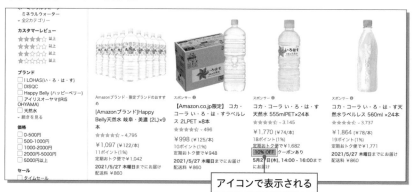

Amazonプライム会員限定割引

「Amazonプライム会員限定割引」はAmazonがプライム会員をより多く獲得したいがためのサービスなので、**出品者からすれば、ほかの割引プロモーションとの違いはあまりないと言えます**。通常時に活用するにしても、プライム会員しか値引きの対象になりませんので、プライム会員以外のお客様を切り捨てるかたちになり、実施するメリットがあまりないように感じます。

プライム会員は非会員より購入意欲が高いお客様が多いことから、Amazon広告でプライム会員だけをターゲットにするような機能があれば、Amazonプライム会員限定割引と併用することで広告のパフォーマンスを上げることができるかもしれませんが、現時点ではまだそのような機能はありません。

しかし**Amazonがプライム会員限定のセールなどを実施する際**に、セール会場などを用意してAmazonがそのページへの集客を強化してくれることもありますので、そのような場合はこのプロモーションを活用することで販売数を上げられる可能性が高まります。

◇ プライム会員限定セールのページに表示される

プロモーション

　プロモーションとは、例えば出品者が販売する複数の商品を同時に購入した場合や、特定の商品を何個以上購入した場合に、**割引をしたり、1つ買うともう1つプレゼントしたりなど、さまざまな条件を指定できる割引サービス**となります。

　このプロモーションも商品ページと検索結果ページに表示されますが、検索結果ページでは**アイコンではなくグレーの目立たないテキストの表記**となりますし、商品ページでも「この商品の特別キャンペーン」というアイコンは表示されますが、どのような条件でどのくらい値引きされるのかの確認が必要となり、そもそもある一定の条件をクリアしなければならないため**クーポンよりも利用率は下がります**。

　また、このプロモーションのための特設会場は存在していないので、検索結果ページもしくは商品ページまできてはじめて認識されるものになります。

◇検索結果ページの表示例

グレーの文字で
表示される

ポイント

　ポイントも検索結果ページと商品ページに掲載され、特に**検索結果ページで
は赤い文字でポイントが表示されるので目立ちます**。しかし、価格が直接下が
るわけではないので、お客様側のメリットとしては若干低くなります。そのた
め、**クーポンを利用できるのであればクーポンで値引きしたほうがコンバージ
ョン率は上がると思います**。もし条件的にクーポンを利用できないなどの理由
がある場合は、ポイントの付与には条件がほとんどないためポイントを活用し
てもよいでしょう。

◇検索結果ページの表示例

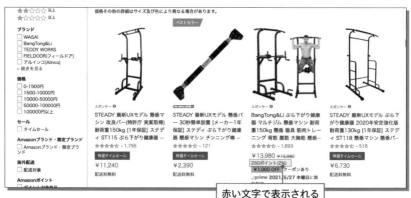

赤い文字で表示される

Amazonビジネス会員向け数量割引

　Amazonには法人・個人事業主向けに、請求書払いなど便利な機能が利用できるAmazonビジネスというサービスがあり、これはそのAmazonビジネス会員向けに、ボリュームディスカウントなどを設定できる機能です。使いかた次第で、**不特定多数の小売店などに自社商品を卸売できるような機能**なので有用です。ただし、Amazonの一般のお客様に比べれば圧倒的に少ないAmazonビジネス会員だけに適用されるプロモーションなので、その効果は限られていると考えたほうがよいでしょう。

◇検索結果ページの表示例

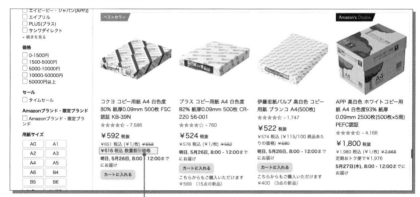

グレーの文字で表示される

商品編集ページから設定するセール

　P.89で紹介した商品登録ページ（もしくは商品編集ページ）の「セール価格」に入力するものです。この機能はただ単純に指定した期間の販売価格が下る機能なので、**訴求度を上げるためのエフェクトなどはほとんど用意されていません**。もしタイムセールやクーポンなどが利用できない商品で、大幅に値引きしたい商品があれば活用してもよいかもしれませんが、あまり効果は期待しないほうがよいでしょう。

47 値引きプロモーションの設定方法

➡ メニューが異なるので注意 ▷▷▷▷▷▷

　それぞれのプロポーションは、設定に使用するメニューが異なります。ここでまとめて確認しましょう。

タイムセールやクーポンは「広告」メニュー

「タイムセール」「クーポン」「Amazonプライム会員限定割引」「プロモーション」は、「広告」メニューから進んで設定することができます。

ポイントなどは個別の商品編集ページ

「ポイント」「商品編集ページから設定するセール」は「在庫管理」から個別の商品編集ページに進み、「出品情報」のタブから設定することができます（P.73参照）。

Amazonビジネス会員向け数量割引は在庫管理ページ

「Amazonビジネス会員向け数量割引」は、「在庫管理」で一覧表示されている商品情報の「法人価格」にて設定することができます。「法人価格」が表示されていない場合は、「設定」をクリックして「法人価格」にチェックを付けてください。ここでは単純に法人用の価格を設定できるほか、購入数量に応じて割引率を設けるなどの設定も可能です。

48 ブランド登録で 自社ブランドを強化する

➡ さまざまなメリットを持つAmazonブランド登録

Amazonブランド登録とはその名の通り、**Amazon に自身のブランドを登録 し、管理・保護することができる機能**です。これまでも触れてきましたが、あらためて Amazon ブランド登録のメリットをまとめると下記のようになります。

◇Amazonブランド登録のメリット

▶ 商品コード免除の申請をした場合でも、自社のブランド名を表記できるようになる
▶ Amazon Vineに参加できるようになる
▶ ブランドストアページを作成できるようになる
▶ Amazon広告で、スポンサーブランド広告が使用できるようになる
▶ Amazonサイト内での検索キーワードなどのデータを閲覧できる
▶ 商品ページに相乗りされても、商品情報編集の優先権を保てる
▶ 自社ブランドに関連した不正な商品を摘発することができる

このように、ブランド登録をするとできることが増えるだけでメリットしかありません。しかし、ブランド登録には下記のものが必要で、ネックとなるのが商標登録だと思います。

◇ブランド登録に必要なもの

▶ 商標登録番号
▶ 商品やパッケージにブランドがはっきりと表示されている画像
▶ （あれば）ブランドのホームページのURL
▶ 他のECサイトで販売していれば、そのECサイトでのブランドトップページのURL

商標登録には半年ほどの期間が必要なので、早い段階で商標登録していただくことをおすすめします。登録実務を代行してくれるサービスもありますので、それらをうまく活用するのがよいでしょう。

◇商標登録を代行してくれるサービスの例

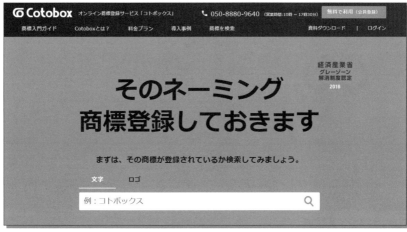

https://cotobox.com/

➡ Amazonブランド登録の方法 ▷▷▷▷▷▷

必要なものが揃ったら以下の手順で登録を進めましょう。

手順❶ はじめに「https://brandservices.amazon.co.jp/」にアクセスし、「サインイン」をクリックします。

手順② サインイン先の国として「日本」をクリックします。

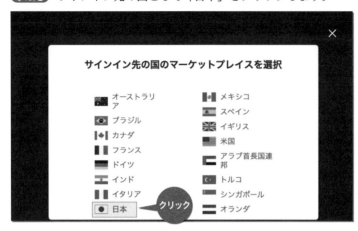

手順③ 「新しいブランドを登録」をクリックします。

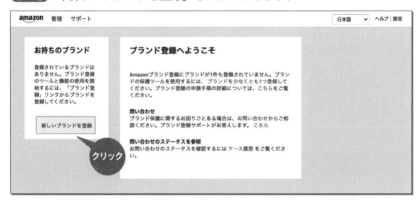

手順④ 「ブランドの登録」をクリックします。

手順❺ ブランド名や商標登録番号など、必要な情報を入力して「次へ」をクリックします。

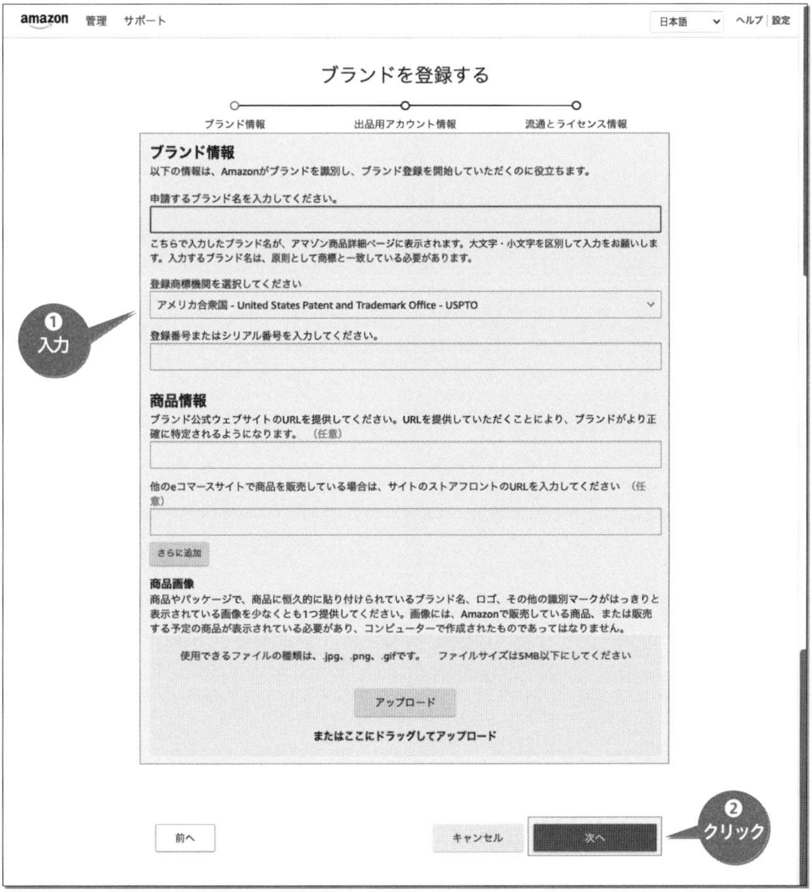
amazon
管理
サポート
日本語
ヘルプ
設定
ブランドを登録する
ブランド情報
出品用アカウント情報
流通とライセンス情報
ブランド情報
以下の情報は、Amazonがブランドを識別し、ブランド登録を開始していただくのに役立ちます。
申請するブランド名を入力してください。
こちらで入力したブランド名が、アマゾン商品詳細ページに表示されます。大文字・小文字を区別して入力をお願いします。入力するブランド名は、原則として商標と一致している必要があります。
登録商標機関を選択してください
アメリカ合衆国 - United States Patent and Trademark Office - USPTO
登録番号またはシリアル番号を入力してください。
商品情報
ブランド公式ウェブサイトのURLを提供してください。URLを提供していただくことにより、ブランドがより正確に特定されるようになります。（任意）
他のeコマースサイトで商品を販売している場合は、サイトのストアフロントのURLを入力してください（任意）
さらに追加
商品画像
商品やパッケージで、商品に恒久的に貼り付けられているブランド名、ロゴ、その他の識別マークがはっきりと表示されている画像を少なくとも1つ提供してください。画像には、Amazonで販売している商品、または販売する予定の商品が表示されている必要があり、コンピューターで作成されたものであってはなりません。
使用できるファイルの種類は、.jpg、.png、.gifです。 ファイルサイズは5MB以下にしてください
アップロード
またはここにドラッグしてアップロード
前へ
キャンセル
次へ
❶入力
❷クリック

手順❻ 「出品者アカウント情報」にて「出品者」を選択し、対象となる商品カテゴリーを選択したら「次へ」をクリックします。このとき、「ブランドを販売する各商品カテゴリーで、最も売れているASINを提供してください。」という項目がありますが、もしすでに販売している商品があれば、そのASINを入力します。

手順⑦ 次のページで必要な情報を入力・選択し「送信」をクリックすれば申請が完了します。

49 ブランドストアページを活用したブランディング

➡ ブランドストアページ、作成のポイント ➡ ➡ ➡

　ブランドストアページとは、**テキスト、画像、動画でブランドの魅力をアピールすることができるブランドごとの特設ページ**で、ブランド登録をしているブランドだけが開設することができます（「ストア」メニューの「Amazonストア」から作成可）。

　ページにはいくつかのテンプレートがあり、その枠組みの中で「タイル」と呼ばれるウィジェット（A＋のモジュールと同義）を組み合わせて作成するしくみなので、**A＋と同じように設定画面で情報をアップしていくことで簡単に作成できます**。とはいえ、やはりデザインのセンスはある程度必要になってきます。もしデザインに自信のない場合、ちょっとしたテクニックで多少は見栄えよく作成できるので、ここではそのポイントを説明します。

◇ブランドストアページの例

https://www.amazon.co.jp/stores/
page/7672F6E2-C4C0-4C49-
B479-9B7B3510E68C

高解像度の画像を用意する

　ブランドストアページでは、推奨されている画像サイズが1,500pxや3,000pxなど、かなり大きめになっています。そのサイズを下回ってもアップできる場合もありますが、その場合は実際のページ上で画像が荒く見えてしまい、ブランディングには逆効果になってしまいます。ですので、まずは高解像度の画像を用意することが大前提になります。

　用意する画像の種類は、基本的には商品画像として使用するもので十分ですが、やはり実際の利用シーンなどを撮影した画像があるとベターです。また、横長でも使用できる画像があるとさらに見栄えのよいページを作成することができます。

テキストは極力使用しない

　ブランドストアページ上で、テキスト機能を使用して商品やブランドの説明文を掲載することも可能ですが、ブランドストアページのテキストはフォント、フォントカラー、背景色、行揃えなどがテンプレートで決まっており、自由度が高くありません。そのため、ページ全体のデザインのバランスなどを考えてテキストを使用する必要があり、その難易度は高くなります。また、テキストで説明しようとしすぎてしまうと逆にお客様に読まれずにスルーされてしまう可能性も高くなります。基本的には画像でビジュアル的に、商品やブランドの魅力を伝えるようにしましょう。

トップページはナビゲーションとしての役割に徹する

　ブランドストアページではトップページのほか、サブページを複数作成することができます。そこで、トップページは各商品カテゴリーページへのナビゲーションとしての役割だけに徹するようにし、余計な情報は掲載しないようにすることをおすすめします。

　カテゴリーページへのリンクには、「タイル」というレイアウトを分割できるウィジェットを使用します。自社ブランドが持っている商品カテゴリーの数だけタイルを分割して、分割されたタイルに商品画像をアップしましょう。その際、カテゴリー名をテキストで登録すれば、ページ上に表示されてわかりやすくなります。

◇ トップページに表示されている商品カテゴリーページへのリンク

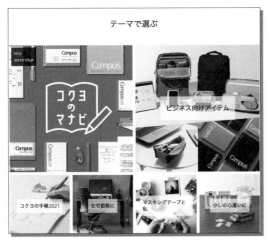

　また、ブランドストアページにはいくつかの便利なウィジェットが用意されており、その中に「プロモーションウィジェット」「ベストセラー商品」「おすすめ商品」というウィジェットがあります。これらのウィジェットはトップページに掲載することで、**セール中の商品や売れ筋商品を自動的に表示することができるので、購入されやすい商品をお客様にアピールすることができます。**例えば、プロモーションウィジェットを設置すると、タイムセールなどが実施されている商品が自動的に表示されます。

◇ プロモーションウィジェットの表示例

サブページには商品を並べて掲載

　「商品グリッド」という、ASINをリストで登録するだけで、自動的に商品を並べて掲載してくれるウィジェットがあります。**サブページには、このウィジェットを配置するだけがおすすめです**。もちろんサブページごとに「プロモーションウィジェット」「ベストセラー商品」「おすすめ商品」を掲載することもできますが、こうすることで、あまり凝ったデザインにしなくても見栄えのよいブランドストアページを作成できます。

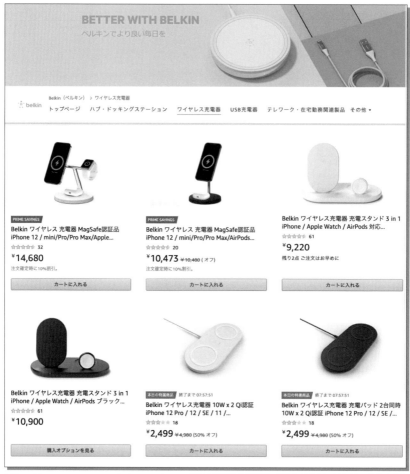

https://www.amazon.co.jp/stores/page/B8A1EE64-F552-47A3-A81A-40F291267E33

50 ブランドストアページへの集客

➡ つくっただけではお客様は来ない ▷▷▷ ▷▷▷

　ブランドストアページにはお客様が訪れる導線がほとんどなく、ただつくっただけでは残念ながらお客様は来ません。ブランドストアページへ集客するためには、主に3つの方法があります。

ブランド名のテキストリンクからの誘導

　商品ページ上部にあるブランド名のテキストリンクをクリックしたときに、ブランドストアページを表示させるようにすることができます。これは、Amazon広告ページのサポートから問い合わせて設定してもらう必要があります。

手順❶　P.190の方法で広告管理画面を表示し、左メニュー、もしくは画面右上の「？」マークからサポートセンターに行き、「ストア」をクリックしてください。

手順❷　どの項目でもよいのですが、ここではさらに「ストア」をクリックして次のページに進むと、ページ下部に「さらにサポートが必要ですか？」と記載されているので、その下の「お問い合わせ」をクリックします。

手順❸　「どんなサポートが必要ですか？」にて「ストア」を選択し、「トピックを指定」にて「ストアの作成」を選択して必要事項を入力します。内容は伝われば何でも構いませんが、「商品ページのブランド名をクリックした際に、作成したブランドストアページに遷移されるよう設定してください。」などと入力してください。最後に「メッセージを送信」をクリックします。

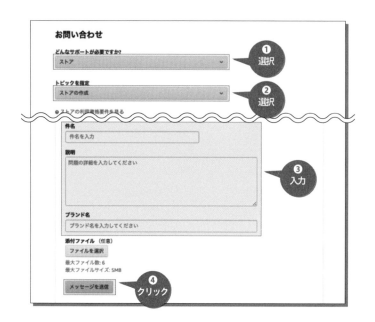

Amazon広告からの誘導

Amazon広告のうち、スポンサーブランド広告を利用することでブランド
ストアページに誘導する広告を設定できます。詳しくは第6章で説明します。

Amazon外部からの誘導

こちらは第7章で説明しますが、自社ホームページやFacebook、Twitter
などにリンクを貼って集客することもできます。その際、デフォルトのURL
では意味のない文字列の羅列になってしまい、見栄えも悪くなるので、必ず以
下のURLの変更依頼をしておきましょう。

🛒 POINT ブランドストアページのURLの変更依頼 🔍

ブランドストアページのトップページのURLは任意のURLに変更するこ
とができます。必要なかたはAmazonへの問い合わせ時にあわせて依頼す
るとよいでしょう。AmazonのURLの後ろに自社ブランド名を追加するか
たちになり、例えばBluegooseというブランド名を付けるのであれば、
URLは「https://www.amazon.co.jp/bluegoose」となります。

51 季節ごとのギフト需要に あわせた施策

➡ ギフト需要を狙いにいく

　日本には年間を通してさまざまな行事やイベントがあります。そして、その**行事やイベントとの親和性が高い商品は、それらが開催されるタイミングでの販売数が増加する傾向にあることは事実です**。ですから、ギフト需要にあわせた施策を打つことはおすすめしたいことの1つとしてあります。

　行事やイベントでは、クリスマスのおもちゃなどがその典型例として、誕生日、父の日、母の日、敬老の日、お歳暮、お中元などでギフトとして誰かのために商品を選ぶことになります。探している商品が明確に決まっていればその商品名で検索するでしょうが、まだ具体的な商品は決まっておらず、贈り物を探している場合も大いにあり得ます。その場合は**「父の日　ギフト」「父の日バッグ」など、商品名よりも具体性の低い広いキーワードで検索されることがあります**。

　ギフト需要を取り込むには、このようなキーワードで検索に引っかかるようにすることが重要です。そこで、**あらかじめ商品説明やキーワードに、そのキーワードが登録しておくことが大切な施策になります**。ギフト時期の前にキーワードを追加するのではなく、一年中登録しておけば大丈夫です。父の日とまったく関わりのない商品に「父の日」と入れる必要はありませんが、ギフトとして贈られても違和感のない商品であればそのような行事やイベント名を商品説明やキーワードに登録しておきましょう。そうすることで、幅広い検索に対応できるようになります。

　また、いっそのこと父の日や母の日専用のギフト商品をつくってしまうのもおすすめです。

➡ ギフト設定の方法 ➤➤➤➤➤➤➤➤➤

　Amazonにはギフト設定というものがあり、これを設定すると納品書の金額はブランクになります。初期設定では無効になっているので、ギフト需要の高い商品はぜひギフトの準備を整えて設定をオンにするようにしましょう。FBAでも自社発送でもギフト設定は行えます。

手順❶ セラーセントラルの右上にある「設定」から「ギフトオプション」をクリックします。

手順❷ 「ギフトメッセージの設定」や「ギフトラップの設定」の右端にあるアイコンをクリックしてオンにします。

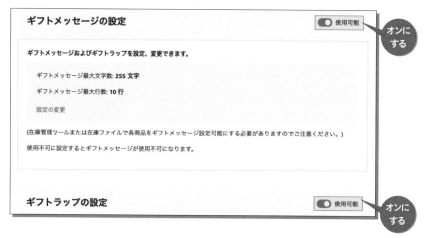

手順❸ 次に、個々の商品に対して有効か無効かの設定を行います。対象商品の商品編集ページを表示して「出品情報」に進み、「ギフトメッセージ」や「ギフト包装」にチェックを入れればギフト設定が有効になります。

🛒 POINT ギフト用の資材の入手先 🔍

　FBAの場合はギフト包装もAmazonが対応してくれますが、自社発送の場合はご自身で行う必要があります。ギフト用の包装用紙や袋などは、Amazonはもちろん楽天、シモジマ、ヘッズなどのECサイトで簡単に購入できます。また、株式会社歯車や星野株式会社ではおしゃれなものやエコ素材のものなども販売しており、サイトを眺めているだけでも楽しくなるほどです。

　お客様が贈り物として商品の購入を検討しているときに、ギフト包装の選択肢がないということで購入を諦めてしまうこともあります。そのような取りこぼしがないよう、ぜひギフトラッピングにも挑戦してみてください。

52 ビジネスレポートを分析・活用する

➡ 潜在的に売れる可能性を持つ商品を見つけ出す

　セラーセントラル上部メニューの「レポート」にある「ビジネスレポート」から、商品ページの閲覧数や販売数、売上金額などを時系列や商品単位で確認することができます。このレポートは使いかた次第でさまざまな分析をすることが可能です。ここではベーシックな活用方法の1つとして、**潜在的に売れる可能性を持っている商品を見つけ出す方法**を紹介します。

　まずは左メニューの「(子) 商品別詳細ページ売上・トラフィック」をクリックします。

◇「(子) 商品別詳細ページ売上・トラフィック」の画面

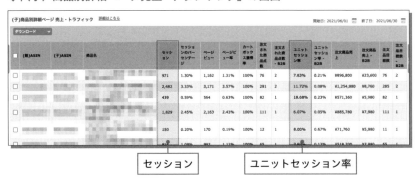

　ここで見るべきポイントは2つだけです。1つは「セッション」、もう1つは「ユニットセッション率」です。ユニットセッション率はコンバージョン率と同義です。

　セッション数が多いにも関わらずユニットセッション率が低い商品は、**せっかくお客様にたくさん来てもらっているのに買ってもらえていないという状況にあります**。そのような商品は、価格が高い、在庫がない、商品情報が乏しい、のいずれかの原因が考えられるので、販売価格を下げられるのであれば下げる、在庫がなければ補充する（FBAを活用していなければ活用する）、商品画像・

説明文・A＋の内容が乏しければもっと情報を追加する、といった対策を施せば、より多く売れる商品になるでしょう。

また、ユニットセッション率は高いのにセッション数が少ない場合は、**気づいてもらえれば購入される可能性が高いけど、ほとんど人目に触れていない可能性の高い商品と言えます**。そのような商品はとにかく露出を高める必要があるので、タイムセールで露出を高めたり、広告で集客したりすることでより売れる商品にすることができます。

もちろんすべての商品に等しく対策を施せればベストですが、より売れる可能性の高い商品から対策したほうが効率よく販売数を伸ばすことができます。このレポートのデータは、限られたリソースの中で効率よく売上を伸ばすために重要なデータとなっているのです。

➡ 商品の売れ行きをグラフで比較する ➡ ➡ ➡

ビジネスレポートでは売上と販売数を時系列のグラフで見ることも可能です。単位は日、週、月、年、カスタムとあり、それぞれを前の期間と比較することができます。前週、前月、前年より売上が上がっているのか下がっているのか、下がっているときはどうにか工夫をして売上を上げるための取り組みを強化したいですし、上がっているときはグラフを見るだけでうれしくなるものです。

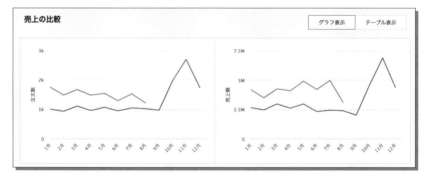

53 レビュー依頼で 出品者評価を獲得する

➡ 出品者としての信用度を高める ＞＞＞＞

　商品のカスタマーレビューは「Vine」を活用することで獲得することができますが、Amazonのレビューにはもう1つ、**出品者を評価するためのレビュー**があります。

　この**出品者の評価はかなり重要で、低下すると商品ページでのカート取得率が落ちたり、最悪の場合、出品アカウントの停止や削除などにもつながったりする**ため、極力よい評価をもらえるようにしなければなりません。しかし、商品購入後に、わざわざ出品者の評価をするのはお客様にとって何のメリットもありません。そのため評価を付けられないことがほとんどなのですが、能動的に評価したくなるような場面が1つだけあります。それは酷いサービスを受けたときです。酷いサービスを受けたときには気持ちが高ぶり、悪い評価を付けたくなるのは人間として自然なことだと思います。

　このように、よい評価は付きづらく、悪い評価は付きやすいものです。そこで**Amazonには、こちらから評価してもらうよう依頼するしくみが用意されています**。よい（もしくは普通の）サービスを受けた多くのお客様は、こちらから何もしなければ評価してくれないので積極的に使うようにしましょう。

　通常、お客様が商品を購入すると、特に何もしなくてもAmazonが自動でレビューリクエストのメールを送信してくれますが、ここで紹介する「レビューをリクエストする」の機能の場合は「出品者の○○さんから、最近の注文についてのお客様の体験を共有するよう依頼がきています。」というかたちで「出品者の○○さんから」と表記されます。出品者から直接リクエストが来ていることが明示されるので、気持ちよく買い物ができたと感じてもらえていれば、よい評価を付けてくれる可能性が高くなります。

出品者の評価を依頼する

手順❶ セラーセントラル上部メニューの「注文」にある「注文管理」で表示される注文履歴から、17桁からなる「111-2222222-3333333」のような管理番号をクリックします。

手順❷ すると「注文の詳細」ページが表示されますので、そこで「レビューをリクエストする」をクリックしてください。

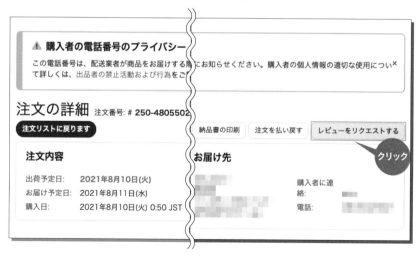

手順❸ 次の「レビューをリクエストする」ページにて「はい」をクリックすればレビュー依頼は完了です。

レビューをリクエストする

Amazonのシステムでは、購入者へレビュー依頼が無償で自動送信されますので ューを依頼する必要はありません。商品レビューや出品者の評価を（注文ごと ストすることは、Amazonのポリシーに反しています。「レビューをリクエスト ことにより、マーケットプレイス・メッセージ管理から追加でレビューリクエ とに同意したものとみなされます。

この機能を使用すると、この注文の商品と出品者のレビューをリクエストするEメールがカスタマ ューリクエストは、自動的にカスタマーの希望する言語に翻訳されます。

この注文のレビューをリクエストしますか？

キャンセル　　はい　　クリック

1つ注意が必要なのは、「注文のお届け日後5日から30日の期間、注文1件につき1度この機能を使用してレビューをリクエストできます。」という条件があるので、その期間内に忘れずにリクエストを行いましょう。

➡ **Amazonからの評価にも注意** ▷▷▷▷▷▷

実は、出品者に対する評価にはユーザーから評価される星の数のほかにAmazonが出品者を評価する基準があり、それは「アカウント健全性」と呼ばれています。出品者はその両方に気を付けなければいけません。

ユーザーからの評価については前述の通りですが、Amazonからの評価はユーザーからの問い合わせに対応しない、出荷予定日を守らない、不正な商品を販売しているなど、当然守るべき事項を守らなかったときに悪い評価が付きます。どのくらい守らなかったらアカウント停止になるかなどは公開されていませんが、このような事項は必ず守るよう心がけましょう。**基本的には良心的な対応をしていれば問題ありません。**

アカウント健全性は、セラーセントラルの上部メニュー「パフォーマンス」に「アカウント健全性」という項目があるので、そちらから確認することができます。

第 **6** 章

Amazon広告による
商品露出の増やしかた

54 Amazon広告の目的と種類

➡ Amazon広告の運用で大切なこと ▷▷▷▷

　Amazonで売上を上げるために目指すべきなのは、自分が出品している商品に対して重要なキーワードの、検索結果ページの上部に表示される状況をつくることです。ここまで説明してきた商品情報の改善やプロモーションは、すべてそのための施策と言っても過言ではありません。そして、**それは広告についても同じことが言えます**。

　広告の運用に関する情報はそれだけで本1冊書けるくらいの内容なのですべてを解説することはできませんが、効果的な広告の運用をするためのシンプルなポイントが1つだけあります。それは、**出品している商品に対して、重要なキーワードだけに絞って広告を出すこと**です。

　「iPhone ケース」を販売する場合を例に説明します。この場合、「iPhone ケース」で検索したときにオーガニック検索で1位を取ることが一番の目的になります。ですので、「iPhone ケース」というキーワードを1点買いすることで、そのキーワードで検索されたときは必ず広告が表示される状況をつくるのです。しかし、「iPhone ケース」というキーワードは競合ブランドが非常に多いカテゴリーでもあるので、広告でこのキーワードを購入しようとすると、クリック単価が高くなり、クリック数も多くなります。もし捻出できる広告費が少なければ、すぐに予算を使い果たしてしまい、広告が表示されなくなってしまいます。

　広告がどの程度表示されているか、予算切れで広告が非表示になっているかは、後述する広告管理画面（広告キャンペーンマネージャー）の上部メニューにある「履歴」から確認できます。そこでキャンペーンが「予算超過」となっていれば途中で広告が非表示になっているので軌道修正が必要です。

　軌道修正とは、キーワードのレベルを1つ落とすことを指します。「iPhone ケース」であれば「iPhone12 ケース」などのより範囲が絞り込まれたキーワードに変更するということです。それでも予算切れになるようであれば、「iPhone12 ケース 透明」などさらに絞り込みます。とにかく、**広告が1番上**

に表示されて、**一日中非表示にならないキーワードと予算を設定しなければなりません**。

　そこで売上が立つようになると、オーガニック検索でも上位に表示されるようになってきます。**この状況をつくるのが広告の目的です**。一度上位に表示されるようになると、すぐには検索順位が落ちにくくなるので、そこまで辛抱して広告を表示させるようにしましょう。ただし、在庫切れを起こすと一気に順位は下落します。ですので、在庫に余裕のある商品を対象にすることは必須です。

➡ Amazon広告の種類と使い分け

　Amazon広告には、「スポンサープロダクト広告」「スポンサーブランド広告」「スポンサーディスプレイ広告」の3種類があります。それぞれの広告には特徴があるので、広告を活用する目的によって使い分けるのが理想的ですが、**Amazon広告に慣れるまではスポンサープロダクト広告の活用だけで十分**です。スポンサープロダクト広告は誰でもある程度の効果を挙げられるのが特徴で、広告の知識と経験次第でさらに大きな効果を挙げることも可能です。

　一方、スポンサーブランド広告やスポンサーディスプレイ広告は、ある程度知見があっても活用が難しい一面があり、スポンサープロダクト広告と比べると若干運用の難易度が上がります。まずはスポンサープロダクト広告に注力して、小予算でいろいろと試してみるのがおすすめです。

スポンサープロダクト広告

　もっとも基本となる、**単一商品の露出アップを狙うための広告**です。検索結果ページや商品ページに、通常の商品と似た掲載方法で表示されるため、広告としての売出し感が薄く、ユーザーは広告と気づかないでクリックしている場合もあります。そのため、売上に直結しやすく、一番コスパのよい広告と言えるでしょう。

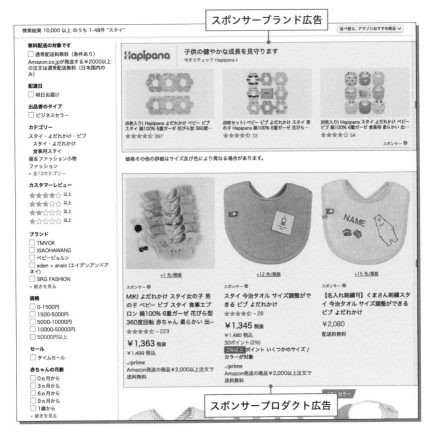

スポンサーブランド広告

　主に検索結果の最上部などに、ブランドのロゴマークやキャッチコピーなどとあわせて掲載できる広告で、**ブランディングや認知拡大に向いた広告**です。ブランドストアページへ誘導するリンクも貼れるので、自社ブランド商品を一覧で見てもらったり、ブランドの世界観などを見てもらったりすることもできます。

　この広告はスポンサープロダクト広告と異なり、キャッチコピーの掲載が必須となります。そのため広告としての売出し感が強く、広告を好ましく思っていないユーザーから敬遠される傾向にあるほか、商品ページまでの遷移ページ数が多くなり、コンバージョン率は下がります。

スポンサーディスプレイ広告

　主に商品ページのカートボックスの下などに、ブランドのロゴマークやキャ

ッチコピーなどとあわせて掲載できる広告です。スポンサーブランド広告がブランド全体の認知拡大に効果的なのに対し、スポンサーディスプレイ広告は**単一商品のブランディングに向いています**。

　スポンサーブランド広告と同様に、広告を好ましく思っていないユーザーから敬遠される傾向にあるので、売上を伸ばす目的で使用するよりは、とにかくその商品のブランドの認知度を上げること（広告が何回表示されたかなど）を目的に活用するほうが適しています。

スポンサーディスプレイ広告

POINT　出稿できない広告枠も

　下の画面は検索結果ページですが、この左側のようなバナーをご覧になったかたも多いと思います。こちらもAmazonの広告の1つですが、これはリテールのベンダーや、大手の広告代理店などを通して活用できる特殊な広告枠なので、セラーセントラルのメニューからでは活用することができません。また、通常の広告と異なり1枠何百万円の広告費が必要になるなど、なかなか手の出しにくいサービスになります。

　カテゴリーのランキングで1位を取るくらい順調に商品が売れるようになってから、さらに売りを伸ばすための積極的な施策を検討される場合には、Amazonに問い合わせてみてもよいでしょう。

55 広告の効果を 最大化するには?

➡ 広告のパフォーマンスがよくなる商品を選ぶ

　広告を出稿するにあたり、まず大事になるのは**どの商品に対して広告を出すか**、です。広告を出したところで商品に魅力がない、正確に言えば魅力がないように見えてしまえば効果は上がりません。そこで、どの広告を利用するにしても、ある程度抑えておきたいポイントがあります。それは、カスタマーレビューの星が3.8以上であること、商品情報が充実していること、プライム対象で在庫有りであることです。

カスタマーレビューの星が3.8以上

　Amazonの検索結果ページに表示される商品リストにはカスタマーレビューの星の数も表示されています。その星の数によってクリック率が変わることは、読者のかたでもAmazonで買い物をすることを想像してもらえるとわかりやすいでしょう。通常、星の数が3を切る商品はほとんどクリックされず、3.5以上で商品選別の対象に入ってきます。3.5あたりがクリックするかしないかのボーダーラインになると考えると、広告を出稿する商品の場合は3.8以上あればよりよい結果につなげられると考えられます。

商品情報が充実している

　商品情報の重要性については度々お伝えしていますが、それは広告を運用する際にも同様に当てはまります。せっかく広告費をかけて商品ページまでユーザーを誘導するのであれば、商品画像や説明文もしっかり準備してコンバージョン率を上げたいものです。

プライム対象で在庫有り

　ユーザーの多くはPrimeマークのついた商品に安心感を感じており、逆にPrimeマークのない商品は敬遠される傾向にあります。ですので、FBAでもマケプレプライムでもよいので、Primeマークがついている商品で広告を設定

するようにしましょう。もちろん、在庫ありでなければ売れませんから在庫切れには注意してください。

➡ 値引きでさらにコンバージョン率を上げる

　広告の対象とするべき商品について、最低限押さえておきたいポイントは前述の通りです。それらをきちんと踏まえた上でおすすめしたいのが、**広告の出稿と、値引きプロモーションをあわせて行うことです**。つまり、値引きプロモーションを設定している商品に対して広告を設定するということです。特にタイムセールやクーポンは検索結果ページに目立つアイコンが表示され、もちろん広告として掲載している商品にも表示されます。するとクリック率が上昇するのと同時に値引きの訴求もあり、コンバージョン率も上がり効果は抜群です。広告の効果を最大限引き出すために、ぜひ試してみてください。

◇ 広告にも値引き系のアイコンが表示される

56 広告の予算の決めかた

➡ 売上目標金額から考える

　もし、今年度のAmazonのマーケティング費用はいくら、と決まっているのであればその範囲で広告を運用すればよいのですが、これからはじめる場合は適切な広告費がどのくらいなのか迷うこともあるかと思います。広告予算の決め方は、**売上目標金額を決めて、売上を上げるための要素を分解して考える**とわかりやすいかもしれません。例えば1つの商品で1ヶ月の売上目標金額を10万円に設定するとします。現在の1ヶ月の売上が5万円なのであれば、広告を活用することで5万円増加させることが目標になります。

　このとき、仮に「1日1,000円」の広告費で設定して売上が5万円上がったとしても、1日1,000円×1ヶ月分で約30,000円の広告費がかかる計算です。原価やAmazonでの販売にかかる手数料なども含めて、これでも利益が出るならこの広告はやる価値がありますが、これで赤字になるなら何かを変える必要があります。

　変えるべき要素は、下記の3つのいずれかです。

▶広告の運用方法（キーワードの選定やクリック単価など）
▶商品ページの改善（情報を充実させてコンバージョン率を上げる）
▶広告対象の商品を変更する

　どれだけ広告を実施しても売上が上がらないのであれば、広告ではなく商品に問題があると考えるべきですので、商品ページを改善するか、商品そのものを変更する必要があります。

57 広告管理のしくみを理解する

➡ 広告を構成する3つの要素 ➡ ➡ ➡ ➡ ➡ ➡

　Amazon広告を出稿する前に、広告を管理するしくみについて理解しておきましょう。Amazon広告は3つの階層構造になっています。一番小さな単位としての「広告グループ」、広告グループをまとめて管理する「キャンペーン」、さらにキャンペーンをまとめる「ポートフォリオ」の3つです。

広告グループ

　広告グループでは、広告を出したい商品と、その商品に対してどのようなキーワードで広告を出すのかを設定します。広告グループで定める項目は下記の通りです。ちなみに「ステータスのON/OFF」というのは設定した広告を有効にするか無効にするかの設定です。

- ▶商品
- ▶キーワード
- ▶ステータスのON/OFF

　広告グループのおすすめの設定方法としては、**商品カテゴリーごとに広告グループを作成すること**です。というのも、キーワードの設定が広告グループごとに必要になるため、商品カテゴリー単位で設定したほうが管理が楽になるためです。

キャンペーン

　広告グループをまとめる機能を持っているのがキャンペーンで、必須の設定項目です。キャンペーンで定める項目は下記の通りです。

- ▶広告の種類
- ▶開始日と終了日

- ▶1日の予算
- ▶キャンペーンの入札戦略
- ▶ステータスのON/OFF

　キャンペーンを設定する際に重要になるのは、**広告グループに対する予算と、広告の種類**（オートかマニュアルか、次項参照）です。キャンペーン内には広告グループを複数設定することができますが、その広告グループはキャンペーンで設定する1日の予算と広告の種類の範囲でしか設定することができません。例えば、オートの広告を1日の予算1万円でキャンペーンを設定した場合、その配下の広告グループはすべてオートの広告で設定することになり、1日の予算1万円は、設定されている広告グループが取り合うかたちになります。

ポートフォリオ

　ポートフォリオはキャンペーンをまとめる機能を持っており、期間を定めて予算の上限を設定できます。毎月10万円の予算を繰り返し設定する、もしくはxx月xx日〜xx月xx日までの予算を50万円とする、などのように設定できます。ポートフォリオの設定は必須ではないので、必要に応じて使用するようにしましょう。

➡ オートターゲティングか、マニュアルターゲティングか

　Amazon広告の運用方法は、主に**オートターゲティング**と**マニュアルターゲティング**の2種類があります。オートターゲティングは、Amazonがキーワードの選定を自動的に行なってくれるので、運用する側は予算と最大クリック単価を設定するだけです。もう一方のマニュアルターゲティングは、自分でキーワードの選定をする必要があり、そのキーワードのクリック単価も個別に設定することになります。細かい調整ができる分、知識が必要になり、手間もかかります。

徐々にマニュアルターゲティングに切り替える

　本章の冒頭で、重要なキーワードだけに絞って広告を出すことをおすすめしました。しかしその商品にとって何が重要なキーワードなのかは、実際に広告を出してみないとなかなかわかりにくいものです。そこでおすすめの運用方法

としては、**まずはオートターゲティングで広告を設定して、パフォーマンスのよいキーワードが見つかったら、それらのキーワードに関してはマニュアルターゲティングで運用する方法**です。そうすることで、手間をかけてでも個別に調整したいキーワードと、そうでないキーワードを分けることができます。

　スポンサープロダクト広告の場合は「広告グループ」を、スポンサーブランド広告の場合は「広告キャンペーン」を開いている状態で、左メニューの「検索用語」をクリックするとその広告グループ（もしくはキャンペーン）で何らかの反応があったキーワードやASINを見ることができます。そこでは、キーワード・ASINごとの「インプレッション（広告の表示回数）」「クリック数」「広告費」「注文」「売上」などを見ることができるので、それらのデータを見て、パフォーマンスの高いキーワード・ASINをマニュアルターゲティングで設定しなおすと、無駄のない広告の運用が可能となります。

　優先して見るべき項目は「注文」です。注文数が多いキーワードはそれだけで重要度が高いキーワードだと判断できるので、**ほかのキーワードと比較して注文数が多いキーワードはマニュアルターゲティングとして設定しなおしましょう**。

　また、マニュアルターゲティングに設定しなおしたキーワードは、オートターゲティングでそのキーワードを除外するとより効果的です。広告グループ左メニューの「ネガティブターゲティング」から「除外するキーワード」をクリックすると除外対象のキーワードを追加できるので、忘れずに設定しましょう。

Amazon広告を出稿する①

58 オートターゲティングの場合

➡ オートターゲティングで出稿する

　ここでは例として、スポンサープロダクト広告をオートターゲティングで出稿する手順を解説します。マニュアルターゲティングの場合については後述します。

手順❶ セラーセントラル上部メニュー「広告」から「広告キャンペーンマネージャー」をクリックすると、広告専用の管理画面に移動します。そこで「キャンペーンを作成する」をクリックします。

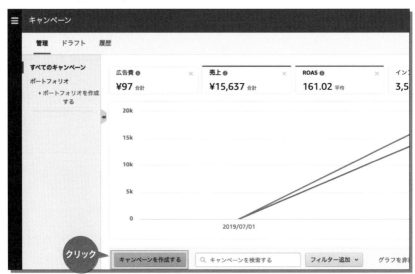

手順② 「スポンサープロダクト広告」の「続ける」をクリックします。

手順③ キャンペーンの内容を設定します。

①キャンペーン名

　日付、商品名や型番、広告の種類などを入力しておくと、あとで管理がしやすくなります。例えば「20210525-ベースボールキャップ-P」のように入力すればよいでしょう。ちなみに最後の「P」はスポンサープロダクト広告の「プロダクト」を表すPです。

②ポートフォリオ

　ポートフォリオは、キャンペーンをまとめる機能として使用できるものですが、最初の設定では必要ありませんので、いったん無視してください。

③開始と終了

　広告の開始日と終了日を設定します。

④1日の予算

　1日で捻出してよい広告費用の上限を設定します。

⑤ターゲティング

　「オートターゲティング」と「マニュアルターゲティング」があり、ここでは「オートターゲティング」を選択します。

手順④　「キャンペーンの入札戦略」は、Amazonが自動的にクリック単価を調整してくれる機能です。初心者は「動的な入札額 – アップとダウン」を選択しておくことをおすすめします。

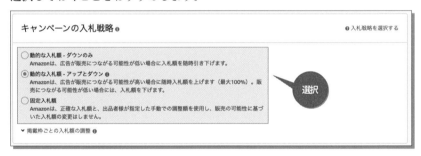

手順⑤　続いて「広告グループ」の設定を行います。「広告グループ名」もキャンペーンと同様にわかりやすい名前を登録しましょう。

手順⑥ 商品の項目で、実際に広告を出したい商品を指定します。「検索」「リストを入力」「アップロード」のタブから選択でき、「検索」は商品名やASINなどで検索するとその商品がリストアップされるので、そこで「追加」をクリックすれば広告グループに商品が追加されます。「リストを入力」では、ASINのリストを枠内に入力して「追加」をクリックすると一括で追加されるので便利です。「アップロード」はCSVファイルをアップするかたちになりますが、「リストを入力」で一括追加できるので、使う機会はほとんどないと思います。

手順⑦ 「オートターゲティング」でクリック単価を入力します。クリック単価とは、1回広告がクリックされた際に支払う広告費です。「推奨入札額」の右に金額が表示されており、そこをクリックするとその金額が設定されるようになっています。まずは推奨入札額を入力しておくのがおすすめです。

手順⑧ 「除外キーワードターゲティング」では広告を出したくないキーワードを設定することができます。まずは何も登録しないでおくのがおすすめです。

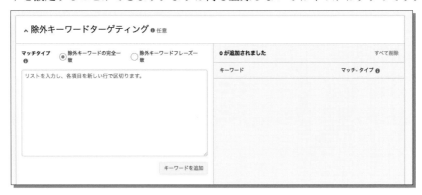

手順⑨ Amazonの広告が表示される場所は、検索結果ページのほかに商品ページにも表示されます。「除外商品ターゲティング」は、その商品ページにて広告を表示させたくない商品を指定する機能です。ここも最初は何も指定しないのがおすすめです。

手順⑩ 最後に、「キャンペーンの開始」をクリックすれば広告の設定が完了します。

59 Amazon広告を出稿する②
マニュアルターゲティングの場合

➡ マニュアルターゲティングで出稿する

手順① キャンペーンの「ターゲティング」でマニュアルターゲティングを選択した場合、「商品」の下に「ターゲティング」が表示されます。そこでは「キーワードターゲティング」と「商品ターゲティング」のどちらかを選択できるようになっています。これは簡単に言うと広告の表示の有無をキーワードにひもづけるか、特定の商品などにひもづけるかの設定です。最初は「キーワードターゲティング」を選択することをおすすめします。

```
ターゲティング ❶

キャンペーンには複数の広告グループを追加できますが、広告グループごとに選択できるターゲティングの種類は1つだけです。

◉ キーワードターゲティング              購入者が出品者の商品と類似する商品を検索する際に
  購入者の検索結果に商品が表示され    選択    なキーワードを選択してください。  使用する検索ワードが分かっている場合に、この戦略
  詳細はこちら                                を使用します。

○ 商品ターゲティング                                この戦略を使うことで、購入者が商品詳細ページやカ
  特定の商品、カテゴリー、ブランド、またはその他の商品機能を選択して、広告をターゲティン    テゴリーを閲覧する際やAmazonで商品を検索する際
  グします。                                        に、商品を見つけやすくなります。
  詳細はこちら
```

手順② 「ターゲティング」で「キーワードターゲティング」を選択すると「キーワードターゲティング」の設定画面が表示されます。ここでは、Amazonがおすすめするキーワードがリストアップされ、「追加」をクリックするとキーワードを追加できます。このとき、「フィルター条件」という箇所に「部分一致」「フレーズ一致」「完全一致」と表示されています。

```
キーワードターゲティング ❶                          ❶ ターゲットに設定するキーワードを選択する

推奨 ❶  リストを入力  ファイルをアップロード          0 が追加されました              すべて削除

④ 入札額 ❶  [推奨入札額 ▼]                キーワード    マッチ-    推奨入札額 ❶  入札額 ❶
フィルター条件 ❶ ①✓部分一致 ②✓フレーズ一致 ③✓完全一致           タイプ❶    すべてに適用

キーワード         マッチ-      推奨入札額 ❶  すべて追加
                 タイプ ❶

                 部分一致      ￥39      追加
                 フレーズ一致   ￥42      追加
                 完全一致      ￥51      追加
                 部分一致      ￥35      追加
                 フレーズ一致   ￥34
```

①部分一致

　例えば、iPhoneケースを販売していてその広告を出したい場合、「iPhone ケース」というキーワードで広告を出すべきだと思いますが、お客様が検索するキーワードは「iPhoneケース」だけではありません。例えば、「iPhone 12 ケース」「iPhoneケース」「ケース iPhone」など、さまざまなキーワードで検索してiPhoneケースを探しています。

　それらのキーワードをすべて広告で指定するのは大変なので、お客様が検索するキーワードの一部でも一致すれば広告を出すという設定が部分一致です。「iPhone ケース」のキーワードを登録した場合、「ケース iPhone」「iPhone 12 ケース」などでも広告が表示されるようになります。

②フレーズ一致

　フレーズ一致では、検索された用語が正確にキーワードに一致した場合のほか、前後にほかの単語が入っている場合でも広告が表示されます。「iPhone ケース」の例で言うと「iPhone ケース かわいい」や「透明 iPhone ケース」などのキーワードでは反応しますが、「ケース iPhone」では広告は表示されません。

③完全一致

　完全一致は文字通り、指定したキーワードにぴったり当てはまる場合のみ広告が表示されます。「iPhone ケース」であれば「iPhone ケース」でしか広告は表示されません。

④入札額

　キーワードを設定する際、それぞれのキーワードに対するクリック単価を「入札額」にて設定することができます。デフォルトでは「推奨入札額」となっており、そのほかに「カスタム入札額」「入札額の初期値」があります。ここもデフォルトで設定されている「推奨入札額」を選択しておくことをおすすめします。

第 **7** 章

外部マーケティング施策と作業の外注化

60 外部施策をやった方がよい人とは？

　Amazonの検索結果ページで表示順位を上げる方法の1つに閲覧数を増やすことがあります。閲覧数を増やすには、Amazon広告や値引きプロモーションなどのAmazon内部の施策を実施する方法がありますが、もう1つ、**Amazonサイト外からの流入を増やす方法**もあります。

➡ まだまだ余力がある人におすすめ ▷ ▷ ▷ ▷

　Amazonサイト外の施策はAmazon内でのキャンペーンやプロモーションに比べて少し難易度が上がるので、Amazonサイト内でやれることは全部やり切って、なおかつまだリソースに余裕があり、ある程度の知識がある人、もしくは独学で学んでいく意欲のある人におすすめです。つまり、**万人におすすめするものではありません**が、それはホームページや各SNSを運用していない状態からはじめるにはかなりハードルの高いことだからです。もしすでに運用しているものがあるかたであれば、ぜひやってみるべきでしょう。

　特にSNSは、基本的に無料で自社商品をアピールできるのでぜひ取り入れたい施策です。どのような内容で投稿すればよりたくさんのいいね！を獲得できるか、ひいてはそこからAmazonの商品ページへのリンクをクリックしてくれるかなど、かなり試行錯誤しながら運営されているかたは数多くいます。自分のブランドと似ているブランドでSNSをうまく活用しているところを見つけたら、真似をするところからはじめていきましょう。SNSに関する書籍も販売されているので、それらを参考にして勉強するのもよいと思います。

　本章ではホームページや各SNSの大まかな特徴だけを記載しますので、興味のある人はぜひご自身で勉強しながら活用してみてください。

61 自社ホームページと Amazonをつなぐ

➡ ホームページに商品ページのリンクを貼る

　自社ホームページを持っている企業は多いと思います。その自社ホームページの中に取り扱い商品などのコーナーがあり、**カタログのように1商品ずつ説明しているのであれば、そこにAmazonの商品ページへのリンクを貼りましょう**。これは、自社でECサイトを運営している場合も同様です。

　まずEC機能がないホームページの場合、ユーザーがもし商品ページまでたどり着いたとして、そこに何らかのアクションを促す機能がなければ、ただ商品情報を得て去っていくだけです。しかし、商品ページにAmazonへのリンクが貼ってあれば、もしユーザーが商品を気に入ってくれていればAmazonで購入してくれるかもしれません。逆に、商品を気に入ってくれたとしてもAmazonのリンクがなければ、ユーザーは自力でその商品が買える場所を探さなければならず、その手間をかけている間に別の商品に目移りしてしまうかもしれません。

◇Amazonで購入できることを示しておく

https://barista.delonghi.co.jp/products/ecam23260sb.html

次に自社でECサイトを運営している場合です。「ECサイトがあるならわざわざAmazonで買ってもらわなくてもいいじゃないか」と思われるかもしれません。ですから、もし商品を購入したいと思ったらそのアカウントを持っていません。ですから、もし商品を購入したいと思ったらそのアカウントをつくらなければなりません。メールアドレスを登録して、送られてきたアカウント開設用メールのURLをクリックして、名前、住所、電話番号などを入力しなければ商品を購入できないとなると、その間にあきらめられてしまうかもしれません。しかし、**多くの人がアカウントをすでに持っているAmazonにリンクが貼ってあれば、そこからすぐに購入することができます。**

最近はAmazon Payなどを自社ECに導入することもできるので、それで離脱率を減らすことはできますが、それでもAmazonで購入できるという選択肢があるのであれば、それはユーザーに提示してあげたほうがより親切だと思います。もちろん、Amazon以外に楽天やYahoo!ショッピングでも商品を販売しているのであれば、それらの商品ページへのリンクも貼るとなおよいでしょう。

🛒 POINT 　Amazonアソシエイト・プログラム🔍

Amazonには「Amazonアソシエイト・プログラム」というサービスがあります。Amazonアソシエイト・プログラムとは、一般にはアフィリエイトと呼ばれているもので、簡単に説明するとAmazonで販売している商品を他人におすすめして購入してもらうと、自分にその紹介料が入ってくるサービスです。

ここで詳細な説明は避けますが、このサービスを利用し、自社サイトや自社ECからAmazonに誘導してお客様に商品を購入してもらえれば、商品販売の収益と紹介料の二重取りができてお得です。興味のあるかたはぜひご活用ください。

https://affiliate.amazon.co.jp/

62 Instagramで露出を上げる

➡ プロフィール欄にURLを貼る ➡ ➡ ➡ ➡ ➡

　ブランドをお持ちのかたであればすでにInstagramを活用されている人も多いかもしれません。Instagramは投稿自体にリンクを貼ることはできませんが、プロフィールの自己紹介文にURLを入れることができます。そこへAmazonへのリンクを貼るようにしましょう。

◇自己紹介文には必ずURLを

　時々、定期的に魅力的な投稿をしているのに、どこにもリンクを貼られていないアカウントを見かけることがあります。しかし、それはとてももったいないことです。せっかくブランドに興味を持ってもらえたとしても、そこから商品を購入してもらうためには、自社ホームページの例と同様に、ユーザーに自力で売っている場所を探してもらわないといけなくなります。

　もし自社ECを運営されているのであれば、**自社ECへのリンクはもちろん、Amazonへのリンクも貼るようにしましょう**。ここで貼るAmazonへのリンクは、ブランドストアページを開設できているのであれば**ブランドストアページのURL**を、もしブランドストアページがないのであれば出品者の**ストアフロントのURL**を貼るようにしましょう。ストアフロントのURLは、Amazonの商

https://www.instagram.com/owari_maruhachi_shop/

201

品ページの「販売元」をクリックし、出品者詳細ページが表示されたらページ
上部の「○○のストアフロント」をクリックすれば表示されます。

◇ストアフロントの表示例

　また、Instagramで投稿をするときはハッシュタグが重要になるので、自
社商品に関連するハッシュタグをしっかり入れるようにしましょう。このあた
りのことも、SNS指南書などには解説があると思うので、どのようなハッシ
ュタグが効果的か、いろいろ試しながら投稿していきましょう。

63 Facebookで露出を上げる

➡ Facebookページの投稿にリンクを貼る

Facebookでは投稿内にリンクを貼ることができるので、そこにしっかりとリンクを貼るようにしましょう。その際、自社ECや楽天、Yahoo!ショッピングがあれば、もちろんそれらの商品ページへのリンクを貼るのも効果的です。

Facebookには、**Facebookページ**という企業やブランド用アカウントがあり、それを開設することで**Facebook広告**を活用することができます。Facebook広告には、Facebookだけでなく、その傘下であるInstagramにも自動で広告を表示してくれる機能があるので、1回の設定で2つのSNSに広告を表示することができて便利です。また、Facebook広告は、広告を表示するターゲットを細かく設定できるのも特徴で、自社商品に関心の高そうなユーザー層だけに向けて広告を表示することができます。

◇Facebookページの投稿例

https://www.facebook.com/delonghiespresso.jp/posts/4075667769213924

64 Twitterで露出を上げる

➡ Twitterの投稿にリンクを貼る

　Twitterも Instagramとは違い、投稿内にリンクを掲載できます。そこにリンクを貼るようにし、もちろん、自社EC、楽天、Yahoo!ショッピングがあればそれらの商品ページへのリンクも貼るとよいと思います（文字数制限があるので注意が必要ですが）。

　Twitterの広告に関しては、フォロワーを獲得する、Webサイトのリンクをクリックする、動画再生など、目的が明確になっているので、**Amazonへの送客を目的とするのであれば、Webサイトのリンクをクリックしてもらうことを目的とした広告を活用しましょう。**

　Twitterの広告もターゲットを細かく絞り込むことができるので、自社商品への関心が高そうな層に向けて広告を打つことが重要です。

◇Twitterの投稿例

https://twitter.com/DelonghiJapan/status/1407163913343406082

65 SNSとの付き合いかた

➡ 直接購入につながりにくいSNS ▷ ▷ ▷ ▷ ▷

　SNS（Facebook、Instagram、Twitterなど）は基本的に受動型のメディアなので、ユーザーはよっぽど強く興味を惹かれない限り、メーカーやブランド自身が投稿するSNSの内容を見ても、ただの情報としてインプットされるだけです。そのため、新商品、値下げ、限定品などの購入のハードルを下げるような情報があればまだしも、それらがなければ、SNS経由で直接購入につながることはほとんどないと覚えておいてください。

　これを踏まえた上で、それでもSNSで何らかの施策を打ちたいということでしたら、**SNSはお客様に投稿してもらうものという前提で施策を練りましょう**。例えば自社商品の利用シーンの写真と指定したハッシュタグを投稿してもらえたら抽選で何かプレゼントするとか、そもそもの商品やパッケージをSNSで投稿したくなるようなものにするなどです。

　また、SNSで投稿する内容は、商品の使い勝手やデザインの素晴らしさなどではなく、**自社や商品の実績を投稿する**ようにしましょう。自社商品の素晴らしさを自分でアピールすることは、広告を出稿しているのとほとんど同じです。そして、ほとんどの広告や、広告でなくても商品の素晴らしさをアピールする投稿は基本的にスルーされてしまいます。ですのでそのような「売り込み」系の投稿ではなく、例えば「販売数1万個突破」、「雑誌○○で紹介されました」といった客観的な情報を投稿することがおすすめです。

　もしメーカー・ブランド自身でSNSのアカウントを作成したいのであれば、例えば週に1回だけ投稿してそれ以外は何もしないなどのルールを決めた上で運用するのがよいでしょう。オンライン上でのお客様とのコミュニケーションに関するリテラシーがないまま、SNSでお客様と密なコミュニケーションをとることは、そこに常に炎上のリスクが潜んでいることを認識しておきましょう。

66 外注による業務の省力化

➡ 少量・少額の依頼で業者の実力を計る

　Amazonで商品を販売するためには、商品登録から商品ページの作り込み、物流業務、広告運用など多岐にわたりさまざまな業務をこなす必要があります。そのため、商品がたくさん売れるようにするためにも、たくさん売れるようになってからも、多くのリソースが必要となります。それらの業務を1人でこなすのはなかなか厳しいので、**外注できるものは積極的に外部の力を借りることをおすすめします。**

　例えば、商品ページ作成を外注したいのであれば「Amazon　商品ページ　代行」、商品画像の撮影を外注したいのであれば「Amazon　商品撮影　代行」などとGoogleで検索してみてください。そのような代行業者はすでに世の中に溢れていますので、ご自身の気に入る業者を見つけて依頼するようにしましょう。大抵の業者は比較的安い金額設定になっていますから、いくつかの業者を試してみるのもおすすめです。

　また、広告の運用にも多くの代行業者が存在します。月額○万円、広告費用の○○％というような料金体系のところが多いので、こちらも複数の業者にヒアリングをして、自社に一番ふさわしい業者を見つけるようにしましょう。

　カタログ制作も広告運用代行も、いきなり大量に高額な依頼をしてしまうと失敗したときにリスクが高いです。**まずは必ず少量・少額で依頼してその業者の実力を計るようにしましょう。**

◇「Amazon　商品ページ　代行」で検索すると

Google	amazon 商品ページ 代行	✕	🎤	🔍

https://ama-create.com ▾
Amazon商品ページ作成代行サービス | 業界最安帯のご提供！
制作**商品ページ**数6000件突破!!現代**Amazon**の主流を取り入れた**商品ページ**を作成致します。撮影から画像加工/各種説明文に「登録作業」まで全て**代行**！専属マーケティングチームの徹底…

https://photo-o.com › amazonphoto ▾
Amazon商品画像制作に特化した専用プラン - バーチャルイン

第 **8** 章

トラブル対応　Q&A

67 困ったときの解決方法を調べたい！

➡ Amazon出品大学で調べる

　Amazon出品大学とは、**Amazonが用意している出品者向けの学習コンテンツ**です。動画やPDFでわかりやすく情報を学べます。本書ではAmazonに出店する上で重要となる考えかたや操作方法を解説していますが、細かな情報まで網羅できているわけではありません。また、Amazonの仕様変更、画面変更などは常に起こりえます。ですので、何かに困ったときにはAmazon出品大学に情報がないか、まずは調べてみることをおすすめします。

　Amazon出品大学にアクセスするには、Googleで「Amazon出品大学」で検索するか、「https://sellercentral.amazon.co.jp/learn/」からアクセスすることができます。

◇Amazon出品大学

➡ セラーフォーラムを活用する

　また、セラーセントラルのページ下部に「セラーフォーラム」というメニューーがあり、そちらにアクセスすると、**出品者同士（Amazonカスタマーサポートも回答します）で情報交換ができるセラーフォーラム**が表示されます。そこには過去のアーカイブも残っているので、検索してみるといろいろな情報を得ることができます。

　「アカウントの健全性が『危険』と表示されたが原因がわからない」「出荷遅延でアカウントが停止になった場合」など、日々のさまざまなトラブルに直面した出品者たちからの助けを求める声に対し、別の出品者が自分の過去の経験などをもとに応えているので、とてもわかりやすく充実した情報源となっています。

◇セラーフォーラム

68 Amazonカスタマーサポートの使いかたを知りたい!

➡ 問い合わせフォームにたどり着くには?

　Amazonを利用する人はカスタマーも出品者も含めて大勢いるので、Amazonのカスタマーサポートも日々多くの人が利用しています。Amazonとしては極力問い合わせを減らしたいと考えているので、カスタマーサポートも徐々に自動化が進んでおり、オペレーターに直接問い合わせるには少し遠回りが必要です。

手順①　まず、セラーセントラルの画面右上の「ヘルプ」というメニューがあるので、そちらにアクセスし、ページ下部の「サポートを受ける」をクリックしてください。問題のカテゴリーごとに問い合わせる仕様となっているので、該当する問題の項目を選択しながら問い合わせを進めるようにしましょう。

ヘルプ この満足度を評価する		ケース履歴

おすすめの解決策
問題を迅速に解決するための解決策をお試しいただくか、Amazonにお問い合わせください

商品登録に関する問題の修正
製品コードを入力

☐ 製品コードがありません
[持続する]

納品手続きを使用するにはどうすればよいですか?
納品プランでは、以下の3ステップでフルフィルメントセンターへの納品プランを作成できます。
1. 数量を入力します。
2. 商品を梱包して、商品ラベルを貼付します。
3. 納品を確認して、発送準備を行います。
こちらから、納品手続きの手順をご覧いただけます。

ヘルプを検索
ヘルプ記事、ツール、動画など

📢 **セラーフォーラム**
出品者のコミュニティで質問したり回答を見つけたりします。
[セラーフォーラムを開始する]

☐ **さらにサポートが必要ですか?**
問題を参照し、Amazonが適切な解決策を見つけます。
[サポートを受ける] **クリック**

🗂 **ケース履歴**
未解決のケースを表示または確認します。
[ケース履歴の開始]

手順② 次の「どのサービスに対するお問い合わせですか？」というページで「Amazon出品サービス」「広告とストア」の2つのメニューが表示されるので、該当するメニューをクリックします。

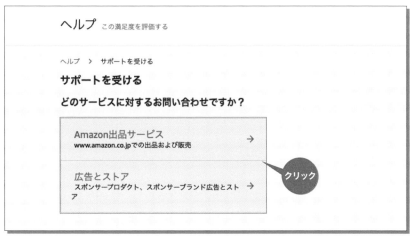

手順③ 次のページでもさらにシステム的な回答が用意されているフォームが登場するのですが、そちらはスルーして「または、メニューで問題を閲覧する」をクリックしましょう。

サポートを受ける

ⓘ これはAmazonからサポートを受けるための新しい方法です。皆様のご意見やご感想をお寄せください

問題を説明してください
説明をケースの一部として含めます。

個人情報または機密データを説明に含めないでください。

個人情報または機密データとは何ですか？ ⓘ

次へ

問題の確認

問題を解決する

または、メニューで問題を閲覧する　**クリック**

手順❹ 今度はサポート内容がカテゴライズされたメニューが表示されるので、もしそちらで解決しそうなトラブルであれば、そこから回答を探ってください。そこで回答が見つからなければ、メニューごとに用意されている「他の商品、出品情報、在庫に関する問題の調査」「その他の問題」など、既存のメニューで解決できないトラブルに対応するメニューをクリックするとようやく問い合わせフォームが表示されます。

手順❺ 問い合わせフォームの形式はEメール、電話、チャットの3種類から選べます。お好みの形式を選択して問い合わせるようにしましょう。

69 購入者から返品・返金の要望があった!

➡ 出品方法によって異なる対応 ▶▶▶▶▶

　Amazonでの買い物の特徴の1つに返品のしやすさがあります。そのポリシーは出品者にも適用されるため、このポリシーに沿わない場合、出品者としての評価が落ちてしまう可能性が高まるので注意が必要です。**もしお客様から返品の要望があれば可能な限り返品を受け付けるようにしたほうが、評価が下がらず無難**ですが、もし返品率が高い商品があれば、なぜ返品されやすいのかを返品理由などから確認し、返品されにくくなるように商品ページの情報などを改善するようにしましょう。

　返品や返金の対応は、出品者による発送、マケプレプライム、FBAによって変わります。

出品者による発送の場合

　購入者からの返品リクエストに対し、直接対応をする必要があります。返品不可として返品を断ることも可能ですが、理不尽に返品不可の対応をしてしまうと、出品者評価を低く付けられる可能性が高くなるので注意が必要です。基本的には商品が購入者から返送され、商品を確認したら返金対応をするという流れです。詳細はAmazon出品大学の「注文を管理しよう」の「返品返金ポリシーと対応方法」を確認することをおすすめします。

マケプレプライムの場合

　マケプレプライム対象商品の注文に対する購入者からの問い合わせは、Amazonのカスタマーサービスが受付、対応します。商品が返送され、商品を確認したら出品者自身が返金対応をする必要があります。詳細はAmazon出品大学の「マケプレプライムを活用しよう」の「[基本編]マケプレプライム（問い合わせ・返品・返金）」を確認してください。

FBAの場合

　購入者からの返品リクエストはAmazonのカスタマーサービスが受付、対応します。その際、返品された商品のコンディションをAmazonが確認し、検品を行い、再販可能と判断した場合は在庫に戻されます。再販不可の場合は販売不可在庫として出品者の在庫に計上され、出品者は返送か所有権の放棄のどちらかを選択することになります。詳細はAmazon出品大学の「FBAを活用しよう」の「購入者から返品された商品について」を確認してください。

🛒 **POINT** 　返品商品にダメージがあった場合 🔍

　返品された商品にダメージなどがあった場合、基本的には出品者の負担となることが多いので注意が必要です。そのような場合はアウトレット品などとして、少し価格を安くして販売するなどするしかありません。ただし、Amazonの管理下で紛失または破損した場合などは、Amazonがその補填をしてくれる場合があります。

　返品・返金などのお知らせはメールで連絡が来ることになりますが、どのような場合でもお金に直接関わることが多いので、連絡が来た場合はすぐに状況を確認して対応するようにしましょう。詳しくはこちらのページをご確認ください。

▶FBAの購入者返品ポリシー：https://sellercentral.amazon.co.jp/gp/help/external/200379860
▶返品・返金・キャンセル・保証：https://sellercentral.amazon.co.jp/gp/help/external/help-page.html?itemID=69126

70 カスタマーレビューや出品者評価に低評価が付いた!

➡ カスタマーレビューの場合

　カスタマーレビューに低評価が付いた場合、**まずこちらに落ち度がなかったかを確認しましょう**。基本的な対応として、販売したものが不良品だった場合は、FBAを利用しているなら在庫を破棄して問題のない商品を納品することで、低評価が続くことを防ぐことができます。また、思っていた商品と違った、などの理由で低評価がついた場合は商品情報に不備がある可能性があるので、商品情報を改善することが重要です。

　もし、**カスタマーレビューに対して理不尽な低評価を付けられた場合は、そのレビューの削除依頼をAmazonに出すことができます**。セラーセントラルの画面右上にある「ヘルプ」から「サポートを受ける」をクリックし、以降は「Amazon出品サービス」→「または、メニューで問題を閲覧する」→「商品、出品情報、または在庫」→「商品レビュー」の順にクリックすると、必要項目を入力するフォームが表示されるので入力して送信しましょう。

ただし、Amazonのカスタマーレビューポリシーは厳しいので、レビューの内容が虚偽であると証明できなければ基本的には削除されません。低評価カスタマーレビューの削除依頼はダメ元でやってみるくらいの気持ちで行うようにしましょう。

➡️ 出品者評価の場合 ▶▷▶▷▶▷▶▷▶

　出品者評価については、セラーセントラル上部メニューの「パフォーマンス」から「評価」→「最近の評価」でリストアップされている評価の「1つ選択してください」→「削除を依頼」から行うことができます。

　こちらも明らかな虚偽などでない限り削除されることはないので、カスタマーレビューと同様にダメ元で依頼するようにしましょう。

71 アカウントが停止になった!

➡ アカウント停止を解除するには？ ▷▷▷▷　▷▷▷

　セラーセントラルのアカウントが停止されると、商品の販売・売上金の入金が停止される場合があります。その際、アカウント復活のための異議申し立てができます。セラーセントラルのヘルプページ内に下記のように記載されていますので、手順に沿って申請するようにしましょう。

> ▶ 1. セラーセントラルの「パフォーマンス」から「アカウント健全性」をクリックします。
> ▶ 2. アカウント健全性ページの上部で、「出品用アカウントの再開」をクリックします。
> ▶ 3. ページ内の指示に従って、申し立てを送信します。これには、パフォーマンス改善計画や補足資料などが含まれます。詳しくは、「出品権限を回復するためのパフォーマンス改善計画を作成する」をご覧ください。
> ▶ 4. 「送信」をクリックして、入力済みの申し立てをAmazonに送信します。
> （引用：https://sellercentral.amazon.co.jp/gp/help/external/200370560）

　アカウントが停止される理由は主に、**規約違反や不正なレビュー操作**などです。普通のメーカーとして商品を販売していれば基本的には問題ないと思いますが、偽物の商品を販売していたり、商品情報とは異なる商品を販売していたりしたことが判明すると、アカウント停止になる場合があります。また、自分が販売している商品に自分でレビューを書いたり、金銭や現物を支給してレビューを書いてもらったりしたことが判明しても同様にアカウント停止となります。

　そのようなことをしていなければそれをきちんと説明することで、アカウント停止は解除されます。

COLUMN

海外への越境出品に挑戦！

　日本でしか手に入らないような職人による手作りの調理道具、清掃道具、食器類、和紙、文房具、刃物類などは海外で人気の高い商品です。最近では海外に住む日本人も多くなってきているので、日本のレトルト食品や缶詰などの食材や、食器、洋服、布団のような日用品などの日本人向けの商品も需要があるかもしれません。

　海外出品も、日本のセラーセントラルとほぼ同額の手数料で、高額な初期費用も不要ではじめることができます。わりあい簡単に出品することができるので、海外出品に興味があれば試してみるとよいでしょう。「自社商品は海外向きではない」と諦めずに、とりあえず試してみると意外な反応が得られるかもしれません。

➡ 日本のAmazonで海外からの注文に対応する

　FBAを利用する場合、海外からの注文にも対応できるようにする方法があります。セラーセントラルの「設定」メニューから「FBAの設定」をクリックし、「FBA海外配送の設定」にてステータスを有効にすればあとは自動的にAmazonが対応してくれます。もし対象の国を制限したい場合には「配送制限」にて対象国を選択することも可能です。

◇FBA海外配送の設定

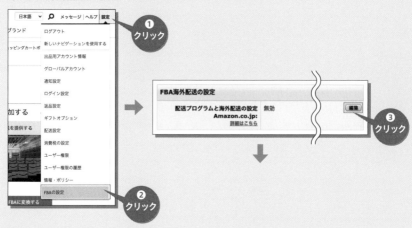

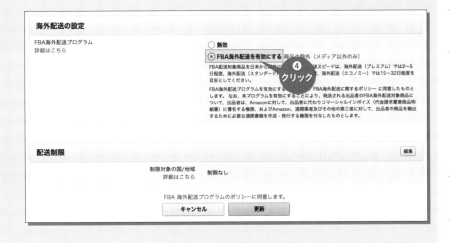

　また自社発送の場合でも海外からの注文を受け付けることができ、その場合も「設定」メニューの「配送設定」から「配送パターンを編集」→「海外配送」にて自社の配送能力に適した情報を登録することで対応可能となります。その際には、会社情報などを日本語と英語の両方で入力する必要があるので注意しましょう。

◇「配送設定」の「海外配送」画面

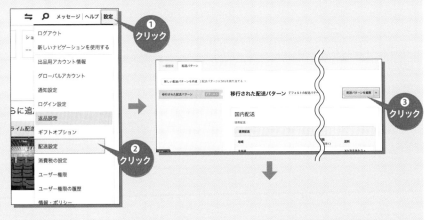

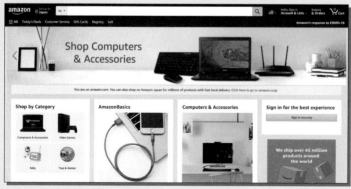

海外配送

通常配送

地域		配達所要日数 (出荷作業日数を除く)	送料		アクション
中国, 香港, マカオ, モンゴル, 韓国, 台湾, アルメニア, アゼルバイジャン, バーレーン, イラク, イスラエル, ヨ ルダン, クウェート, レバノン, オマーン, カタール, サウジアラビア, トルコ, アラブ首長国連邦, イエメン, ア フガニスタン, ブルネイ・ダルサラーム国, カンボジア, 東ティモール, インドネシア, ラオス, マレーシア, フ ィリピン, シンガポール, タイ, ベトナム, ミャンマー, カザフスタン, キルギスタン, タジキスタン, トルクメニ スタン, ウズベキスタン, バングラデシュ, ブータン, インド, モルジブ, ネパール, パキスタン, スリランカ, イ ギリス領インド洋地域	編集	3 - 7 日間 ▾	¥	1480 注文あたり プラス ¥　0　kg あた り	削除
オーストリア, ベルギー, ブルガリア, クロアチア, チェコ共和国, デンマーク, エストニア, フィンランド, ギリ シャ, ハンガリー、, アイルランド, ラトビア, リトアニア, ルクセンブルグ, マルタ, オランダ, ポーランド, ポル トガル, ルーマニア, スロバキア, スロベニア, スウェーデン, フランス, ドイツ, イタリア, スペイン, キプロス, リヒテンシュタイン, モナコ, スイス, アイスランド, ノルウェー, アルバニア, アンドラ, ボスニアヘルツェゴビ ナ, マケドニア, モンテネグロ, サンマリノ, セルビア共和国, バチカン市国(ローマ法王庁), ベラルーシ, ウクラ イナ, ジョージア, ジブラルタル, モルドバ共和国, グリーンランド, フェロー諸島, ロシア, スバールバル諸 島, サンマイン島, イギリス, カナダ, 米国, メキシコ, ブラジル, ボリビア, ブラジル, 玉山, コロンビア	編集	5 - 9 日間 ▾	¥	1985 注文あたり プラス ¥　0　kg あた り	削除

新しい配送ルールの追加

☐ エクスプレス便

キャンセル　保存

　ただし、日本のAmazonに海外から買い物にくる人はあまり多くありません。こちらの取り組みはあまり期待せず、海外から注文が入ったらラッキーくらいの気持ちで取り組みましょう。

➡ 海外のAmazonに出品する ▸ ▸ ▸ ▸ ▸

　Amazon.co.jpにて海外からの注文に対応する方法のほかに、海外のAmazonで商品を販売する方法もあります。海外で販売したい場合は、日本でセラーセントラルのアカウントを作成したのと同様に、海外のAmazonのセラーセントラルでアカウントをつくる必要があります。Amazonの海外サイトは国別にいくつかありますが、試しに海外で自社商品を販売してみたい場合は市場規模の大きいアメリカのAmazon.comからはじめるとよいでしょう。

◇Amazon.com

https://www.amazon.com/

　海外のAmazonで出品するには、日本の銀行口座を使用できないので、海外の銀行口座をつくる必要があります。ただし、直接銀行の口座を開くのはハードルが高いので、Payoneerなどのサービスを利用すると便利です。Payoneerとは、主に法人や個人事業主向けの割安な海外送金サービスです。Payoneerのアカウント上にアメリカなどの海外の銀行口座を持つことができ、その海外の銀行口座を海外Amazonのセラーセントラル用の銀行口座として登録することが可能となっています。

◇Payoneer

https://www.payoneer.com/ja/

　アカウント作成から商品の出品まで、基本的には日本のセラーセントラルと大きな違いはありません。また、海外のセラーセントラルの表記は日本語に変更することができるので、英語がわからなくても出品すること自体はそれほどハードルが高くないでしょう。

　ただ、注文が入った際、自社発送の場合は海外の購入者宛に発送する必要がありますし、FBAで海外のAmazonの倉庫に納品するにしても海外宛に商品を発送する必要があります。もし海外Amazonでの輸出が不安な人は、サポートしてくれる業者もたくさんいますので、そういった業者に相談してみましょう。

おわりに

　Amazonに関するさまざまなノウハウをお伝えしてきましたが、実際にこの本をご覧いただいている皆様の会社の商品に当てはめようとすると、細かいところで迷われることがあるかもしれません。そのようなときにおすすめの方法は、何でもいいので自分なりの仮説を立てて小さな範囲でとにかくやってみることです。

　何かしらやってみることによって、その結果が生じます。すごく売上が上がったのか、逆に下がってしまったのか、もしくは何も変わらないのか。売上が上がったのであればそれを横展開すればいいし、下がったなら元に戻せばいいし、何も変わらないなら別の仮説を立ててまたアクションを起こせばいい。そのようにして小さな改善を積み重ねていくことで、それがやがて大きな結果へと繋がっていきます。

　本書では、「どうすればAmazonで売上を上げられるか」についての内容にフォーカスしているため、セラーセントラルの各種設定方法などについては必要最低限の内容となっています。そのため、細かい設定や操作方法などでわかりにくいところもあるかもしれませんが、セラーセントラル内で「Amazon出品大学」というマニュアルを閲覧できるので、もし何かの設定などで行き詰まってしまったときは、ぜひAmazon出品大学をご覧ください。皆様の取り組みを心から応援しています。

　最後になりますが、この本を執筆するにあたりご協力いただいたすべての皆様に感謝いたします。特に原稿作成には技術評論社の石井様に多大なるご尽力を賜り、心より御礼申し上げます。

2021年9月吉日
及川謙一

索　引

■著者略歴

及川謙一

ブルーグース合同会社代表。自社ECを運営する株式会社サウンドハウスで5年、アマゾンジャパンで5年、ブルーグース合同会社で4年、合計14年間EC業界に携わる経験を活かし、大小さまざまなメーカーのAmazonベンダー／出品者向けコンサルティングや、セミナー講師、執筆などを行う。アマゾンジャパン業務委託先認定企業。

● カバー／本文デザイン ………………………萩原睦（志岐デザイン事務所）
● DTP ………………………………………BUCH⁺
● 編集 ………………………………………石井亮輔

■問い合わせについて

本書の内容に関するご質問は、FAXか書面、弊社お問い合わせフォームにて受け付けております。電話によるご質問、および本書に記載されている内容以外の事柄に関するご質問にはお答えできかねます。あらかじめご了承ください。

〒162-0846
東京都新宿区市谷左内町 21-13
株式会社技術評論社　書籍編集部
「Amazon出店の王道　～中小企業の新販路　その施策とアイデア」質問係
FAX：03-3513-6183
お問い合わせフォーム：https://book.gihyo.jp/116

※ご質問の際に記載いただいた個人情報は、ご質問の返答以外の目的には使用いたしません。
　また、ご質問の返答後は速やかに破棄させていただきます。

Amazon出店の王道
～中小企業の新販路　その施策とアイデア

2021年10月30日　初版　第1刷発行

著者　　　及川謙一
発行者　　片岡 巌
発行所　　株式会社技術評論社
　　　　　東京都新宿区市谷左内町 21-13
　　　　　電話：03-3513-6150　販売促進部
　　　　　　　　03-3513-6166　書籍編集部
印刷／製本　日経印刷株式会社

定価はカバーに表示してあります。

ISBN978-4-297-12345-1 C0034

Printed in Japan